論哀傷

帶領你走向療癒的情緒、靈性與心理旅程

20th 經典新譯版
ANNIVERSARY EDITION

ON GRIEF AND GRIEVING

FINDING THE MEANING OF GRIEF THROUGH THE FIVE STAGES OF LOSS

BY ELISABETH KÜBLER-ROSS, M.D. & DAVID KESSLER

伊莉莎白．庫伯勒—羅斯、大衛．凱思樂 著
蔡孟璇．吳品儒 譯

獻給我心愛的孫女，

艾瑪・沙迪與席薇亞・安娜，

在我繼續前進時給我動力

——伊莉莎白

獻給兩位摯愛的朋友，

貝瑞・布蘭森・波金斯與韋恩・哈契森；

愛永不止息

——大衛

作者的話

哀傷沒有正確的方式或時間。

作者希望本書能讓讀者熟悉哀傷的各種面向，然而沒有任何書籍能取代專業協助的必要性。我們希望這本書能夠成為一座燈塔，在生命必經的最困難時刻，為我們帶來光明、希望和安慰。

伊莉莎白．庫伯勒—羅斯
大衛．凱思樂
二〇〇四年八月

前言
「我完成了」

二〇〇四年八月二十四日，伊莉莎白．庫伯勒—羅斯與世長辭。我在她嚥下最後一口氣之後，抬頭望向時鐘，記住當時的時間是晚上八點十一分。我不得不說，要是沒有親眼看見，我可能不會相信她已離開的事實。顯然不是只有我這樣想，許多人也同意他們在某種程度上總認為，伊莉莎白不可能會像凡人般死去。她總說自己的死就像「轉化及畢業」，到時得幫她慶祝，屆時她將「在星系間與繁星起舞」。

與她如此親密的我們，卻覺得她的失去是一種損失。我會想念共事多年以來好鬥、搞笑、仁慈以及傑出的伊莉莎白。我因為失去她感受到複雜的哀傷。她本身也是個複雜的人，所以看到她一天天、一點　滴逐漸流失生命力，我心裡的哀傷也是極度難以承受。在寫作過程中，有時候她看起來相當疲倦，但是寫不順的時候她又會精神一振回過神來。

她熱愛教學，總想要付出更多。一想到她的工作時總是思路敏銳，很高興她能享受她的工作。我在她離開後無比想念她，但是我知道她在死後終於找到了生前無法企及的自由。她再也不會被困在房間裡或床上，她擺脫了失去機能的軀體。

當我剛開始和伊莉莎白寫作本書時，她告訴我：「如果要讓這本書充分探索哀傷，你就要探索自己的。」

我聽話地說：「這是當然的。」過去的失落經驗突然閃現，當時我認為她會引導我重新檢視過去的經驗，我好奇問她：「你也會探索你自己的嗎？」

「當然會啊，」她回道：「長久以來我都懷抱著預期性哀傷，我想往後會有更多哀傷湧現吧。」於是我們就此主題寫出了本書前言。

隨著寫作進度推進，我回顧了自己的失落經驗，我怎能逃避呢？討論哀傷時自然會想起自己的。當我坐在伊莉莎白身旁，發現她在寫到某些段落時也難掩情緒。她的眼淚顯示出她正在回顧舊傷。關於寫作，有一個說法是這樣的：如果你的作品無法使你難以成眠，那麼它也不會讓其他人午夜夢迴。在本書寫作過程中，我經常感受到如果作品不能讓我倆哭泣，不能療癒我倆的哀傷，那這本書就不能幫助任何人。

每當寫完一個段落我跟她告別的時候，難免會想那可能是我們最後一次見面。我們的工作就是如此：順勢而為，我們都知道生命沒有絕對。過去多年來，伊莉莎白曾經多次病危，讓我意識到她的時間的確所剩無多。當時我以為這本書會在她死前出版，讓她得以看見自己的告別作，與生涯首作呼應。她的第一本著作《論死亡與臨終》開啟了後續創作生涯。《用心去活》是我們合著的第一本書，當時我們差點要把書名取為《論生命及活著》，接著我們又合作了這本《論哀傷》。

然而她卻看不見這本書出版了。在她過世前一個月，我們花了兩天一起工作。她回答了關於本書的最後幾個問題，她問我：「你還有哪裡需要發問嗎？我可以說我的部分已經完成了嗎？」

「你可以這樣說。」我回答得有點不甘願，我向來不喜歡兩人合作結束的那一刻，但是所有的採訪帶都已經轉成逐字稿，我也沒有其他問題要問了。前一天我已經彙整好所有的閱讀資料，今天我唸了最後一章給她聽。我知道這些事情做完以後，接下來只需要再朗讀給她聽、略微修改幾處、做完最終校對就好。

最終日收工的時間將近五點，她要我傳送一段訊息給本書編輯米契爾．艾凡斯，當時他任職於賽門舒斯特旗下的Scribner部門。伊莉莎白對著錄音機說：「你好，米契爾。現在是下午五點，我們寫完了。希望你編輯本書時會跟我們寫作時一樣享受。我們完成了！」

我說：「可是完成的只有今天的部分吧，整本書還沒完工呀。我要等交出的稿件編輯看過再朗讀給你聽，獲得你的最後同意，才算完成。」

「我完成了。」伊莉莎白再度說道。

她總是這麼說：「聆聽臨終者的話語。所有你需要知道的事情，他們都會在臨終前告訴你，然而他們的話卻很容易被忽略。」

當初協助我完成首作《臨終的需求》時，伊莉莎白也覺得自己已經「完成了」，甚至在封面上提到現在就是「她面對死亡的時間」。寫完《用心去活》之後她也這麼說，但我們又繼續合作寫書……

她曾經多次提到自己即將過世，卻依然活著。

她說：「我知道如果自己不再對現在的狀態感到憤怒、焦慮並且放手，直覺告訴我那將會是我離開的時刻。這條路我已經走了一半，我還有兩件事沒學到：耐心以及接受愛。過去這九年教會我耐心，而隨著我越來越虛弱難以下床，我學會接受他人的愛。

「我這一生滋養他人，卻鮮少讓他人的愛滋養自己。我知道當我接受以後，就能即刻起身去到超越此生及其限制的另外一個地方。我不會假裝了解自己的痛苦有何意義，而且我也因此對神產生憤怒。我真的很氣祂把我困在一張椅子上長達九年。我說過如果還有第六階段，那就會是『對神發怒』的階段。但當然這也只是憤怒階段的一部分、我的預期性哀傷的一部分。我知道神自有安排，祂替我安排好了時間，到時我自然會接受。那時候我就會像毛蟲羽化成蝶般離開身體。我會體驗到多年來有幸指導的臨終體悟。」

雖然我明白本書將會成為她的最後一部作品，但當她說她已完成時，我還以為她指的是書而非她的人生。我也不知道她將會用自己的死當作機會，要我探索、體會她離世帶來的哀傷。

身為生死學的傳奇大師，伊莉莎白是我認識的人之中最有生命力的一位。她喜歡被簡單稱為伊莉莎白，用全名稱呼她太正式了。她總說自己只是個瑞士村姑而已，但是這位樸實平凡的女性卻用生命貢獻不凡。她幫助失去發言權的臨終者發聲，她挑戰界線，她不僅從臨終者身上學習，也讓他們有機會表達，成為我們的老師。

我還記得原先我們該在埃及見面，共同參加死亡與臨終的國際研討會。結果那一場會議始終未能如期舉行，因為她中風無法成行。幾個月後，我致電給她關心病情。我跟她說：「希望總有一天會有機會跟你接觸。」

「那就禮拜二吧？」她說。

這就是說到做到的伊莉莎白，就是這樣的行動態度讓她在無人想要探索的生命領域展開她的職涯。她不想要看見人們在醫院的偏遠角落孤單寂寥死去。她理想中的臨終方式，是簡單而自然的，有家人陪伴在身旁，有家的感覺，這樣的臨終方式在一世紀以前再普遍不過。

在我們合著的《用心去活》書中，有一章討論憤怒。我對她說：「這一章既然討論憤怒，不能避談當你發現自己即將死亡而勃然大怒卻反遭批評的心情。」

她回答：「大家喜歡我提出的五階段理論，但是不喜歡看見我陷入其中。」然而她只是個與你我沒有不同的平凡人呀。

她在臨終之際打電話給我，簡單說了句：「過來吧。」接下來四天，我和她的孩子以及密友布魯克都在她身邊陪伴，不知道那會不會是真正的終點，或者她會再度驚人地恢復。我們的等待從幾小時變成幾天，看得出來這位寫過二十多本臨終書籍的人正在邁向死亡。把她當作偶像崇拜的人熱烈期盼她臨終之際會發生奇妙的事件，他們以為這位生死學大師的死亡將會伴隨超脫俗世的現象。

我不知道這些人究竟期待什麼，會有仙樂飄飄還是神祕彩虹出現嗎？然而什麼事情也沒有發生，她的死亡極為普通，這樣才符合她的為人。她離開的時候充滿了平凡的喜悅，符合她多年來的熱切描述——風景如畫的大窗戶、摯愛陪伴在身旁，她的孫子和我的孩子在她的床邊一起玩遊戲。在這平常的風景裡，她達到了平靜與接受的狀態。數十年前她第一次為所有臨終者打造的理想善終就該是這樣。

伊莉莎白曾經說過：「死亡不過是從此生轉換到另一個無痛無苦的存在。這個想法助我在失落與哀傷中明白，我所在意的人依然健在，以後我們必定相見。至於被我留下的摯愛，我會在離開後繼續看顧他們。他們笑的時候我也會笑，如果他們不相信死後的世界，往後我們在那裡重逢時，我會做個鬼臉說：『哈哈，又見面了，而且我們都好好的。』我知道萬物唯有愛不滅，我會非常想念我曾經擁有的人生，還有我失去的那些人。」

伊莉莎白，我們也想念你。

大衛・凱思樂

二〇〇四年十一月

推薦序

哀傷——即是愛的化身

蘇絢慧（璞成健康心理學堂創辦人／璞成心遇空間心理諮商所所長）

「哀傷沒有正確的方式或時間」作者大衛・凱思樂與伊莉莎白・庫伯勒—羅斯醫師在本書一開頭，如此告訴我們。所以，這本書不是要告訴我，療癒哀傷的正確途徑或方法，而是從哀傷的旅程中，發現生命及靈性成長轉化的奧妙。

哀傷（Grief），在台灣也譯為「悲傷」，定義上是專指失落之傷、失喪之慟的歷程所具有的綜合性反應，包括：

- 生理方面的反應，如心絞痛、頭昏、四肢軟弱無力、體力虛弱……等等。
- 情緒方面的反應，如茫然、悲痛、無助、憤怒、難過、憂鬱、焦慮、無望……等等。

- 認知方面的反應，如不敢相信、否認、合理化、討價還價、百思不解、遍尋解答……等等。
- 行為方面的反應，如迴避面對、吃不下、睡不著、尋找解除痛苦的方法、思念逝者、強迫自己處理……等等。

本書《論哀傷》是羅斯醫師生命中的最後作品，在與大衛・凱思樂合寫的過程，也等於在體現她自己的理論模式——哀傷五階段（Five Stages of Grief）歷程。此模型特別來自臨床預期性哀傷歷程所發現，過去我在醫院臨床工作時，也常以此階段模型來理解病人與家屬的預期性哀傷歷程及狀態。

哀傷五階段理論（或稱為「庫布勒—羅斯模型」）是由庫伯勒—羅斯醫師於一九六九年所提出，用以描述面對死亡或其他劇烈損失時，人們通常會經歷的五種情感反應：否認、憤怒、討價還價、抑鬱和最後階段的接受。關於此理論模型，以下是補充一些觀點，提供讀者參考：

1. **此模型廣泛認可但不是絕對**：許多人在經歷失喪時，確實會經歷這五階段中的某些階段或全部。但不是每個人都會按照這五階段的順序經歷，有些人可能會跳過某些階段，或者在某些階段中停留的時間長短不一。

2. **需要保有靈活性**：五階段不該被視為固定或線性模式。人們可以在這五階段之間反覆地移動，也可能同時經歷多個階段。

3. **非普遍性**：雖然五階段理論廣泛被認為是描述失落悲傷過程的一種模型，但也有人質疑其普遍性。一些研究表明，不是所有人都會經歷這五階段。

4. **文化具差異性**：已有越來越多不同的文化背景和信仰的研究，發現文化和信仰可能會影響人們經歷哀傷的方式。某些文化可能有特定的哀傷儀式或信仰，這可能使得某些階段更加顯著或不那麼明顯（例如台灣傳統文化要求生者「不要在死者面前哭」）。

5. **避免過度簡化**：一些讀者可能會因為此模型理論，而過於簡化哀傷的調適需求。哀傷是一種非常個人化及私人的經歷，每個人的反應都獨特不同，也有各種哀傷樣貌與多元呈現，把五階段用來評價或武斷自己或他人的哀傷歷程皆須再考量。

6. **有助於理解與溝通**：儘管在學術界存在某些批評及質疑，但這一模型仍為許多人提供了一種理解和描述哀傷的方式，幫助人們認識到他們的失落情感反應是正常的，並為增進溝通自身感受提供了語言材料，有益於與旁人溝通內心的哀傷世界。

雖然哀傷五階段理論作為提供一個有價值的框架來理解悲傷，必然有其限制所在，但瑕不掩瑜，此理論模式為這世界開啟理解失落與哀傷的樣貌，不僅帶領人們突破死亡的禁忌，更靠近人的心靈世界，知道死亡雖有限制並具有毀滅性，但人的心靈世界卻是具有超越及轉化的力量及能力。

對一位哀傷的人來說，在經驗重大失去及感到悲痛的同時，最為艱困的是：世界的時間持續運轉，在環境的氛圍中 卻很難與哀傷者同在，甚至可說世界並不等任何人，然而失去摯愛帶來的空虛和深沉的傷痛，卻很難瞬間消失、無影無蹤，人生只要持續就會感受到失去所帶來的痛楚，甚是各種矛盾及掙扎。

然而，哀傷沒有特效藥，哀傷的痛苦也無法進行任何手術切除，我們需要面對的是在生命破碎之後，還有什麼人生的價值及意義，讓你仍義無反顧的選擇承受這一份哀慟，在窒礙難行的人生顛簸中，帶著這一份失落的破碎勇敢前行？

在我生命走過各式各樣失落的歷程，也面對自己難以計量的哀傷經驗來說，庫伯勒—羅斯的生命智慧與豁達見地，給予我不少的領悟及學習。雖然生命的歷練仍在進行，人生體悟也尚在轉變，但哀傷確實已不似早年生命那般極具破壞力和傷害性，而是更多從情感層面、生命歷程及死亡的意義加以咀嚼、琢磨，如今的我能更真實且具體的感知到——哀傷如此真切，那是因為哀傷是愛的化身；哀傷證實了人類有情有愛，哀傷也表明了人類歸屬與連結的需求。如此說來，有愛的人，就必然會經歷哀傷。

所以，當你哀傷時，請別忘了深刻理解到——自己是一個多麼有愛的人。

目錄｜CONTENTS

CHAPTER · 03
哀傷的外在表現

引文
預期性哀傷

預期心理能增強並提升生日、節慶、假期等的興奮感受，但不幸的是，預期心理也能放大喪親的可能性或現實。據我們所知，我們是唯一一個覺知到自己終將一死的物種，而認知到我們自己及我們所愛的人總有一天都會死這件事引發了焦慮，我們在人生早期便已經清楚看見這件事。

我們在童年階段的某一個時間點，會領悟到自己將會死去，而且不光是我們會死，我們周遭的人有一天也會死。那就是我們最初體驗到的預期性哀傷：對我們終有一天將會體驗到的未知痛苦感到恐懼。它出現在我們大多數的兒童故事與電影裡，彷彿量身訂製般，為我們做好心理準備。

「斑比的媽媽被射殺了！」這部電影剛上映的時候，許多小女孩會這樣和他們的爹地哭訴，而那就是我們這一代的許多人領悟到自己的至親可能會死的時刻。對我們的孩子而言，那是辛巴的父親在《獅子王》裡死去的時刻。在人生早期，我們已經偶爾會預期到自己可能會失去父母。雖然我們心中的這個念頭一直揮之不去，但否認機制幫助自己的方式卻是告訴自己這只會發生在別人父母身上，例如斑比或辛巴的父母，絕不會發生在自己父母身上。

多年後，當我們的至親或我們自己罹患末期疾病的時候，那種預期性哀傷是更為深沉的。預期性哀傷是我們心中「結束的開始」。現在我們在兩個世界運作：一個是我們習以為常的安全世界，另一個則是所愛之人可能會死的不安全世界。我們感受到了那份哀傷，以及為自己做好心理準備的潛意識需求。

預期性哀傷通常比痛失至親後的哀傷更為沉默，我們通常不太會將它說出口，那是一種我們只埋藏在心底的哀傷。我們不想積極介入，也不需要隻字片語，那比較像是只能藉由手的輕撫或靜靜並肩而坐才能獲得安慰的感受。在多數的哀傷時刻裡，我們的焦點是放在過去的喪親經驗上，但是在預期性哀傷的情況裡，我們沉浸在未來的喪親之痛。

當自己的至親必須經歷預期性哀傷，為最終的離世做好準備時，我們也必須經歷一段過程，但我們在那個當下或許還無法了解。在至親逝去之前，我們可能只是心窩的地方覺得怪怪的，或是心臟的地方有疼痛感。我們一般認為死亡的五個階段是發生在臨終者身上，但是有許多時候，我們的至親遠在死亡之前便已經經歷了這些階段，尤其在長期纏綿病榻的情況下更是如此。即使你在死亡來臨之前已經經歷了五個階段中的任何階段或全部階段，你在喪親之後仍會再經歷一遍。預期性哀傷有它自己的過程，有自己的時間表。

佛瑞德和妻子凱倫已經退休兩年，他們搭乘郵輪旅遊，享受著辛勞一輩子的果實。他們有個已經結婚的成年兒子約翰。這家人的關係很緊密，但性格屬於比較堅忍克制的類型。約翰的妻子經常開玩笑說：「你家裡還有人有感覺嗎？還是只會對發生的事有意見？」

佛瑞德出現倦怠感，醫院的檢查發現他得了胰臟癌，壽命剩下不到一年的時間。於是，他們全家人擬訂了一套計畫，將與他有關的事務有條不紊地安排妥當。約翰的妻子告訴婆婆說：「氣氛那麼沉重，為什麼沒有人想要說些什麼？」婆婆回答：「時候到了，我們自然就會面對。」

他們在星期日舉辦了一場車庫拍賣會，約翰和妻子也前去幫父母的忙。他們過去也曾舉辦過拍賣會，但是這次顯然多了很多東西。凱倫和媳婦在外頭賣東西的時候，約翰進屋子裡查看爸爸在哪裡。他發現父親漫無目的地在屋子裡來回踱步。約翰說：「爸，你還好嗎？」父親回答：「我不知道自己要做什麼。」

約翰感受到父親心底的哀傷，想要幫助他，於是說：「來外面幫忙吧。」經過車庫時，父親停下腳步，一直盯著他的工作檯看。父親最喜歡在車庫裡修理東西了。約翰最近和父親聊天時才談到，約翰不像他爸爸一樣那麼愛修東西，以及世界已經改變等話題。「東西變得很便宜，時間變得很寶貴，」約翰當時這麼說：「不需要修理了，直接買個新的就好了。」

離開車庫前，佛瑞德停留了一會兒，掃視著他的各種工具。約翰看著父親，想知道父親心中有何感受。然後，佛瑞德轉向約翰說：「你可以把所有這些工具都拿到車庫前面拍賣嗎？」

約翰說：「爸，你確定嗎？」

「對。」說完便往外面走了。

約翰開始整理放在工作檯上、牆上，以及抽屜裡的工具，腦袋裡浮現自己還是個孩子時，父親手中握著這每一個工具，自己在旁邊看著父親工作的畫面。他不禁悲從中來，獨自一人呆立在車庫裡不停啜泣。

父親走了進來，用手臂摟著他說：「兒子啊，為我們所有人哭吧。為我們所有人。」

即使是一個堅忍自制的家庭，面對預期性哀傷也無法倖免。約翰將大家強忍在心中的感受表達了出來。他所展現的是，我們不僅僅會在一個人死後哀傷，我們在他們死前也會哀傷。

預期喪親這件事，是體驗喪親之痛的一個重要部分。我們經常認為它是我們的至親在面對自身死亡時所經歷的一部分過程，但是對那些即將在喪親後倖存下來的人而言，那是一段哀傷過程的開始。這樣的預期能幫助我們擁抱即將來臨的事實，但我們也應該要警覺到，預期某個事件時，其衝擊的力道可能和該事件本身一樣強勁。

預先的警告不一定能讓人預先武裝。經歷預期性哀傷不一定會讓哀傷過程更容易，或者縮短這個過程，卻可能引發我們的罪疚感，因為我們在喪親實際發生前就已經哀傷在先了。我們很可能在死亡實際來臨前，便已經體驗到喪親的完整五個階段（否認、憤怒、討價還價、沮喪，以及接受）。我們也可能只體驗到憤怒與否認。並非所有人都會經歷預期性哀傷，若是經歷了，情況也必然是因人而異的。

當我們的親人病情沒有好轉，尚未到臨終階段，卻因健康狀況極差而生活品質低落時，我們也可能體驗到一種模模糊糊的預期性喪親哀傷。對那些垂死的人而言，那可能是一種無言的絕望或滿腔憤怒的時刻：在這些日子裡，我們的親人可以看電視卻無法轉臺，或肚子餓卻握不住湯匙。

我們的親人也會以如人飲水、冷暖自知的方式見證並感受這樣的時刻。有個人曾描述這段過渡時期是「不會比死亡更糟，但要不就是死去，要不就是更糟」，而他們的親人就是受困在這個「更糟」的階段。這種對喪親的不確定階段，本身就是一種需要哀悼的失落經驗。不確定的狀態可能是極其折磨人的經驗。那就像失去生活、無路可走，或是在不知道喪親是否會實際發生的情況下，緩慢地原地踏步。

如果有多年的時間為死亡做準備，我們可能不會體驗到死亡後的五個階段。例如ALS[1]或阿茲海默症等慢性疾病，我們可能會因為失去親人的過程如此緩慢，而在持續多年的時光裡有充分的時間體驗所有的五個階段。

在一些案例裡，預期性哀傷可能會發生在實際喪親之前的幾個月或幾年。重要的是要記得，這種哀傷和我們喪親之後體驗到的哀傷必須獨立分別來看待。對許多人而言，預期性哀傷只是我們即將面對之痛苦過程的序曲，一種終將為自己帶來療癒的雙重哀傷。

1　譯註：肌萎縮側索硬化症，或稱漸凍症。

CHAPTER

01

哀傷的五個階段

這幾個階段問世以來，已經歷了一場演化，而且在過去三十年來受到嚴重的誤解。它們的原意絕非是要幫助人們將混亂的情緒梳理得有條不紊，它們其實是許多人都會經歷的喪親反應。不過，所謂典型的喪親反應並不存在，一如沒有所謂典型的喪親。我們的哀傷就和我們的人生一樣，都是獨一無二的。

否認、憤怒、討價還價、沮喪，以及接受這五個階段，構成了一部分的架構，幫助我們學習如何面對失去親人的生活。它們是一種工具，能幫助我們確切表達並辨識自己可能出現的感受，但不是某種哀傷之線性時間軸上的停駐點。並非每個人都會經歷所有這些階段，或依指定順序度過這些階段。

我們所期盼的，是這些階段能提供關於哀傷這個領域的知識，讓我們能在準備更充分的情況下面對人生與喪親之痛。

否認

多年來，哀傷裡的否認一直受到錯誤的詮釋。否認階段初次在《論死亡與臨終》（*On Death and Dying*）一書中問世時，它的焦點是放在臨終者身上的。而在這部《論哀傷》裡，可能處於否認階段的人是在為失去至親而哀傷。在臨終者的案例裡，否認可能看似「不相信」，他們可能會照常生活，實際上卻否認末期疾病的存在。然而，對一個失去親人的人而言，否認的意義其實象徵大於實質。

這不代表你真的不知道你的親人已經死去，而是表示你回到了家，卻不相信妻子已經不會隨時走進家門，或不相信丈夫不是到外地出差。你就是無法理解，他永遠不會再走進這個家門了。

當我們處於否認狀態，起初可能會因為震驚而形同癱瘓，或感到全身麻木。這時，儘管一個人可能會說：「我不敢相信他已經死了。」但這種否認仍不是「對實際死亡的否認」。此人在一開始會這麼說，是因為這個事實已經超出他心理能夠承受的程度。

愛莉莎對馬修到外地出差已經習以為常。他因為工作需要，經常在世界各地旅行，愛莉莎也曾陪著他一起前往她想走走看看的幾個地方旅行。她十分熟悉時差問題、行程忙亂、時間更動與班機延遲等這類的事。

但是在這次的旅行，他居然沒有在預定抵達馬德里的時間打電話來，這讓愛莉莎有點驚訝。兩天後，他打電話來道歉，解釋說旅館的電話有問題，她可以理解，因為他旅行到第三世界國家時，經常發生這種事。

第二通電話在兩天後的半夜打來，打電話的人是他同事。他輕聲地說，有個壞消息要告訴她：馬修車禍身亡了。他說詳細情況還不清楚，但是總公司會再和她聯絡。

愛莉莎完全不敢相信。她掛斷電話後立刻想：「我剛剛是不是做了一個夢？一定是搞錯了。」她打電話給姐姐，姐姐天一亮就趕到了。她們等到八點，然後打電話給總公司，對方說他們對這個狀況完全不知情，更遑論是這場悲劇了，但他們說會立刻著手調查清楚。整個早上，愛莉莎不斷懷疑自己是不是在夢裡接到那通電話。是不是哪裡搞錯了？時間來到中午，一通電話又響起，證實了昨晚電話裡傳來的不幸消息。

接下來的幾天，愛莉莎忙著辦喪事，同時卻一直說：「這不可能是真的，我知道遺體運送回來後一定不是他。」就在葬禮的前一晚，愛莉莎才終於看見丈夫的遺體。她仔細查看他的臉，想要確認是否只是一個長得和馬修很像的人，但是當她一眼看見他手上的婚戒，心中便再也沒有疑問了。

葬禮結束後的幾個星期裡，她打電話給親友，說：「我一直在想，他只是去出差，只是沒辦法打電話回來。我知道他還在某個地方，正在設法回家。」說到最後，她會忍不住哭泣，因為她已經領悟到他再也不會回家的事實。

愛莉莎的故事清楚說明了否認的運作方式。有時候她會認為一切或許是個夢，但她也做了恰當的事，就是打電話給姐姐告訴她這件事。直到她見到遺體與遺體手指上的婚戒，她才充分意識到現實狀況。我們很容易可以說她處於否認狀態，因為她一直認為馬修的死不是真的，但我們也同樣可以很容易地說她並沒有否認，因為她依然可以在那段時間處理葬禮事宜。其實兩種說法都沒有錯，她無法相信，而且她心理上無法完全消化這件事。否認能幫助她在潛意識調整她的感受。即使是葬禮過後，她仍經常認為丈夫可能只是到外地出差。這是一種運作方式非常微妙的否認心態，能讓她暫時忘卻痛苦。

這五個哀傷階段能幫助我們從喪親之痛中倖存。在這個階段，世界變得沒有意義，令人難以承受。生命沒有意義，我們仍處於震驚與否認的狀態，我們變得麻木不仁。我們不知道自己要如何繼續活下去，即使可以繼續活下去，又為何要繼續活下去。我們只想得過且過。否認與震驚幫助我們應付這一切並得以倖存下來。否認幫助我們調整哀傷感受來襲的速度。否認之中有一種恩典，大自然藉由它，只容許我們有能力接受的衝擊進入心中。這些感受非常重要，它們是一種心理保護機制。如果讓痛失親人的感受一下子全部在心中氾濫，情緒上會太難以招架。我們無法相信已經發生的事，因為我們實際上真的「無法」做到相信已經發生的事。要在這個階段做到完全相信，是太過分的要求。

否認經常以質疑現實的形式出現：這是真的嗎？真的發生了這種事？他們真的走了？

這就像是你忘不了一個人的概念。可說你是在學習接受喪親的事實，而不忘記那個人。

人們經常發現自己不斷重複述說自己失去親人的故事，那是我們的心智處理創傷的一種方式。這種方式讓你能在否認痛苦的同時，努力接受喪親事實。隨著否認的情緒消退，慢慢取而代之的將是失去親人的真相。

你會開始質疑事情怎麼會這樣、為什麼。當你回顧過去，你可能會問，怎麼會發生這種事？你不再處於對外說故事的模式，現在你開始向內探索，試圖理解情況。你開始探究所有關於喪親的一切。一定要發生嗎？一定要以這種方式發生嗎？有沒有什麼預防的辦法？

喪親已成定局這件事逐漸獲得理解。她不會再回來了。這次他沒能熬過去。在你拋出了所有的問題之後，你漸漸相信他們真的走了。

隨著你接受失去親人的真相，開始問自己這些問題，你便不知不覺地踏上了療癒的過程。你變得更堅強，否認的心態也逐漸消退，但是接下來，你所否認過的所有感受將會一一浮上檯面。

憤怒

這個階段會以許多方式呈現：對你的親人生氣，因為他沒有好好照顧自己，或者因為自己沒有把他照顧好而生氣。憤怒不需要合乎邏輯，也不需要合情合理。你的憤怒可能是因為自己沒有料到事情會變成這樣，而且就算料到了，你也無力阻止。你可能因為醫生無法拯救你的至親而生氣。你也可能因為厄運竟然降臨在對你如此重要的人身上而憤怒不已。

你生氣的原因可能是覺得自己被拋棄了，你們原本應該有更多相處時間的。理智上，你知道自己的親人不想死，但是情感上，你清楚知道他「確實」死了。這件事不該發生，至少不是現在。

重要的是記住，一旦你有了足夠的安全感，知道自己無論如何都將安然度過難關的時候，憤怒就會浮現。起初，你會驚訝地發現自己竟然能熬過喪親之痛，接著會有更多感受浮現，而憤怒通常是第一個，隨後浮現的是哀傷、恐慌、受傷、孤單等感受，而且強度更甚以往。這些感受會讓你的親朋好友感到錯愕，因為就在你再度讓生活回到基本常軌的時候，這些感受卻浮現了。

你也可能會對自己生氣，因為你無法「阻止」事情發生。並不是說你有這種力量，而是你有這樣的意願，但是挽回生命的意願並不等於阻止死亡的力量。最讓你憤怒的是，你發現自己竟然置身於這個最意想不到、最不該發生、最不想要發生的處境。有人曾分享過這種感受：「我生氣的是，自己必須繼續活在一個我找不到她、呼喚不到她、看不見她的世界裡。我到處都找不到那個我最愛的人或我需要的人了。她已經不存在她的肉體裡，靈魂這種事對我來說很遙遠。她的靈性存在或一體性也不是我能體會的。我迷失了，我滿腔怒火。」

憤怒是療癒過程的必要階段。儘管它似乎沒有結束的一天，但你還是要心甘情願地去感受你的憤怒。你越是能切身感受它，它就會消散得越快，你也能更快獲得療癒。憤怒底下還有很多其他情緒，你將會在適當的時間點遭遇它們，但憤怒是我們最慣於處理的情緒，我們常常會選擇憤怒來避免那些在它背後、我們還沒準備好要面對的情緒。憤怒可能會讓我們感覺耗盡心力，但只要它不是長時間在消耗你，它仍是你情緒管理的一部分。在你度過第一波憤怒的來襲之後，它就成了一種有用的情緒，接著你便能準備好往更深層挖掘。在哀傷及其過程中，你會陸續接觸到各種形式的憤怒。

珍的丈夫過世時，所有的已婚朋友排山倒海般地提出各種意見，想要幫助她度過難關，但是這些分享暖心指引的女人並沒有喪偶經驗。珍會禮貌地傾聽，但是暗自想著：「**你們**知道什麼？你們的丈夫還活得好好的。」

珍很愛她的朋友，也知道他們是出於好意。她說：「我之所以沒有大聲反駁，唯一的理由就是我知道他們總有一天會了解的，我知道他們到時就會對傷痛有更深刻的認識。」

真相是，憤怒是不設限的，它不僅可以擴及你朋友、醫生、家人、你自己，以及你逝去的親人，也可以擴及到神。你可能會問：「這過程中神在哪裡？祂的愛呢？祂的大能呢？祂的慈悲呢？這真的是神的旨意嗎？」你可能不想聽人們告訴你的關於神的計畫或祂的奧祕這種事，你反而會想要說：「神啊，我的丈夫死了。這是祢的計畫嗎？」或是「我不想要什麼奧祕，我只想要他回到我身邊。我的信仰已經動搖了、破滅了。」「我不覺得自己被給予了什麼，反而覺得被剝奪。」「神令人失望，我的信仰也因為祂對我的親人和我的計畫而粉碎了。」

或許你會對神感到憤怒，因為祂沒有好好照顧你的至親。你似乎希望神能發現祂在你身上犯了個大錯，好讓你的至親回到你身邊。你呆坐在那裡，怒火中燒，不知道該如何讓自己的靈性理解、宗教信仰與這份喪親之痛和憤怒達成和解。你甚至可能對和解根本不感興趣，許多人不敢談論這些情緒，你會想，也許神在對我發脾氣，而這就是我對祂發脾氣的報應。或許當我們的親人臨終時，我們已經經歷過討價還價的階段，我們祈求神能介入並拯救我們的親人。現在，親人過世後，只剩下我們和那位在我們眼中並沒有在我們最需要祂的時候伸出援手的神。

我們經常假設，如果我們是好人，就不會遭受世間的病苦。你可能認為，你和親人都履行自己這部分的承諾：固定上教堂、猶太會堂，或你自己特定的敬拜場所。你心存慈愛，和善待人，慷慨寬厚。你做了所有被告知要做的事，你相信這樣就會獲得回報。嗯，這種喪親之痛可不是什麼回報。我們也會假設，如果自己好好照顧身體，飲食正確、定期做健康檢查而且運動，我們就能獲得健康的身體。然而，當好人、正義的人、慈愛的人、健康的人、年輕人，甚至是我們最需要、最渴望的人就在我們眼前死去的時候，這些假設也隨之在我們的世界裡瞬間崩塌。

海瑟的青少年女兒在十六歲過世時，海瑟對神感到怒不可遏，因為神竟然讓她的女兒在這麼年輕、根本還未體驗生命的時候就死去。海瑟全家都十分投入教會活動，教會也在她女兒生病階段給予了很大的支持，但他們卻無法處理海瑟的憤怒。她再也不想聽到應允禱告的神這類的言論，因為她的禱告並未獲得應允。她覺得自己因為對神滿懷憤怒而受到教會朋友的批評。

一個朋友小心翼翼地對她說：「小心別喚起神的怒火。」

聽到這句話，海瑟更加怒火中燒。「祂要做什麼？」她反駁道：「帶走我的女兒嗎？

祂要做什麼？帶走我嗎？好啊，沒關係，我寧願和女兒在一起，也不願意在這裡。」

她朋友跪下來輕聲對她說：「讓我們祈求原諒。」

就在那一刻，海瑟決定離開她的教會和裡面的若干朋友。多年之後，她才又重新走進那個教會。

要求別人加速消解怒氣，只會讓關係疏遠。每當我們要求旁人做出改變，感受其他的情緒，就代表我們不能接受他們的心情和處境。自己本來的模樣不但被排斥還被要求改變，沒有人喜歡這樣吧？正當你處於哀傷階段時，更難容忍類似要求。

現在許多教會和神職人員都明白，教友在親人死後對神產生憤怒並不奇怪。教會開始設立哀傷輔導團體，主持團體的神職人員鼓勵成員展露所有情緒。成員可以抒發感受不用怕被排斥，所以試著跟你常去的教會、寺廟或信仰場所尋求協助吧。

神為什麼存在，又扮演了什麼樣的角色，往往令人疑惑。曾有一位神職人員表示，教友在失去親人後質疑人和神之間的關係，這在他意料之內，想要幫助教友走出哀傷的他說：「我們在人過世後，葬禮舉辦得迅速、體面，但我還希望信眾能幫助哀傷者處理日常生活中的失落心情。只要你允許自己感受憤怒並且表達出來，或許你會發現，神就算正在承受你的怒氣，祂還是有力量處理你的憤怒，有力量同情你，有力量愛你。」

深埋在憤怒之下的是痛苦，只有你才能體會的痛苦。你失去親人，自然會感受到被拋棄、被遺棄。可是現在的社會恐懼憤怒，人們總說生氣是浪費力氣、失禮、過度反應。你的怒氣在某些人看來顯得過於激烈或是超過應有的分寸。如果他們不懂得如何和你的憤怒相處，那是他們的問題。這其實也是他們的不幸，畢竟總有一天他們也會因為失去親人而憤怒。現在不要再壓抑憤怒，讓怒氣發揮力量。如果有必要放聲大喊就喊吧，去找個安靜的地方，盡情宣洩吧。

憤怒可以是支持你的動力，化作暫時性的支撐帶你挺過失落的茫然。一開始感受到哀傷，宛如海上迷航，你失去了所有對外聯絡的管道，接著你開始對某人生氣，例如氣某人沒參加葬禮，氣某人沒在你身邊陪伴，氣某人在親人過世後開始變得不一樣了。哀傷的你突然找到了動力，那就是對這些人的憤怒。你的憤怒橫掃空蕩的海面，形成了一座橋牽起了你和上述這些人。就算你們之間的連結來自憤怒，總勝過毫無連結，所以你緊抓不放。

關於憤怒，我們比較了解如何壓抑，而非如何感受。請告訴諮商師你有多憤怒，或是和親友傾訴，或用枕頭蒙住臉大喊。總之要想辦法用不傷人傷己的方式宣洩怒氣。你也可以用散步、游泳、園藝等任何方法將憤怒顯現出來。不要把怒氣憋在身體裡，請細細探索，你會發現怒氣是一種指標，讓你知道你的愛有多深。

會生氣代表你的哀傷階段有進展，代表你允許之前壓抑的大量情緒浮現。這時的關鍵在於不批評情緒，也不要尋找意義。你的怒氣或許有許多形式，例如你氣醫療健保系統不完善，氣命運乖舛，氣摯愛竟然離開了你。你覺得人生不公平，死亡不公平。因為失去而感到委屈，這時生氣是理所當然的反應。雖然生氣是必然的階段，怒氣卻會使你在最需要親友的時候遭受孤立。

也許你還會覺得內疚，所謂內疚是怒氣對內宣洩、攻擊自己，但你不該自責。假若過去的你有能力改變什麼，你就會行動了，不是嗎？現實是，你並沒有這種能力。那麼你現在會生氣代表什麼？代表你還有感覺的能力，代表你過去確實愛過了，也失去了。

釋放越多憤怒，越能挖掘埋藏其中的情緒。在哀傷階段中，憤怒是最為即時的情緒，只要繼續爬梳，你會發現其他的情緒，例如最有可能發現失親的心痛。你可能會感受到怒不可抑，但憤怒的強度其實反映出你失去的愛有多深。或許你以為要是放手讓自己心痛，你會痛到無法復原，或是痛苦永遠不會結束。然而，最終你必會從痛苦的另一端走出來。你的怒氣最後會逐漸消退，失落感也將轉化。

別讓任何人貶低完整體會憤怒的重要性，誰都不能批評你的憤怒，尤其是你自己。

討價還價

在親人離世前，只要對方能活下來，你似乎什麼都願意做。你向神許願：「神啊，求求祢，如果祢讓我太太活下來，我再也不會對她發脾氣。」在你真正失去親人以後，之前的發願變成了談條件。「如果我奉獻餘生助人，是否會在一覺醒來之後，發現一切原來只是惡夢一場？」

這時我們一頭栽進了「要是當初……」、「要是以後……」的謎團中。我們希望生活恢復原貌，希望摯愛恢復原來的樣子，希望時光能夠倒流，希望腫瘤提早被發現，希望更早發現病徵，希望意外可以不要發生。「要是當初……」這句話，在我們心中講了又講。

你在這階段經常心懷內疚，執著於「要是當初……」的念頭意味著為難自己，以及放大檢視自以為行得通的其他想法。我們甚至可能還想跟痛苦談條件[2]，什麼都願意做，就是不要感受到失親帶來的心痛。於是思路卡在過去，反覆提出條件問句，想藉由問答閃避傷痛。

霍華七十五歲時下定決心，要和六十六歲的妻子米莉一起保持健康。他讀到一篇文章提到，每天健走可以維持良好體況，可能避免罹患失智症，又能提升睡眠品質。面對丈夫的健康提議，米莉認為恭敬不如從命，聽話照做。

健走計畫執行到第六天，夫妻倆整個早上都忙於雜事，事情才剛告一段落，霍華已經準備好出門健走。米莉看了他一眼，說道：「真的需要每天健走嗎？休息一天不會怎樣吧？」

霍華對她嘮叨了一番。「養成習慣需要三十天，所以無論如何每天都要健走才行。」米莉聽了翻翻白眼。「不然至少先歇會兒？我們才剛進門呢。」

霍華抓起米莉的毛衣。「還是快走吧，等你走完會很有成就感的。」

夫妻倆走過一個路口，踏上行人穿越道。正當他們過馬路過到一半，一輛汽車從轉角處疾駛而來撞上他倆。米莉首當其衝，霍華接著也被撞上。挨撞之後過了一會兒，暈頭轉向的霍華抬頭看見米莉躺在不遠處的人行道上。這時突然有人過來關心霍華狀況，他顧不及回應道：「我太太！」急救人員向他保證有人去照顧她了。

霍華身上有幾處挫傷，單邊手臂骨折，在送醫後得到治療，但米莉並不走運，她內傷

2 譯註：這裡的原文 negotiare 除了協商交涉還有一邊閃一邊逃的意思。

極為嚴重，被送進了手術房。

霍華的家人圍繞在他身旁，他坐在那兒，心中不斷想著：「神啊，請讓她活下來吧，米莉不想做的事情我再也不會強迫她做了……我會變成更善良的人……我會讓祢看到我去當志工，我會把生命奉獻給祢，求祢別在此刻把她帶走。」

一小時後外科醫生宣布：「很遺憾，我們救不了她。」

大家以為哀傷五階段的每一過程短則維持數週，長則延續數月，但是大家並不知道這五階段其實對應到情緒，我們會因為情緒切換在數分鐘、數小時內進出各階段，因此五階段並非以線性方式前進。我們經歷其中幾段，然後回頭從第一段開始。

以霍華的狀況來說，他在一開始獨處時心裡有許多情緒翻騰。他說：「她不可能就這樣走了。」當他得知肇事車輛是偷來的贓車時，心中又是一陣惱火，進入憤怒階段。睡前，他進入了討價還價階段。「神啊，求祢讓我一覺醒來後發現這都只是一場夢，我願意付出一切來挽回她。」

接著，霍華幻想醒來後看到米莉就在他身旁，他會告訴她自己之前做了一場多可怕的惡夢。他們會笑著吃早餐，他保證從此以後必須夫妻倆都想要才去健走。

他的腦海裡充滿各種假設。「要是當初我跟她說『好啊，待會兒再出門。』會怎樣？

要是我從來沒看過那篇健走的文章有多好？」

霍華的家人必須提醒他，他不需要對意外負責。「你只是想要米莉保持健康而已，」他們說：「你不是想要害死她，你根本不知道會有莽撞駕駛開著贓車疾駛而來。」家人覺得霍華執著於各種「想當初」的念頭是因為出自內疚。

但是霍華卻跟家人說，他知道這不是自己的錯，他反覆檢討自己其實是為了逃避心痛，自我檢討可以轉移注意力，不去正視米莉從此離開他生活的哀傷現實。

事發之後六個月，霍華經常出現抗拒、憤怒、討價還價的情況，最後他免不了走向憂鬱。在憂鬱期間，「要是當初」的討價還價階段依然持續。未來幾年他才逐漸學會接受現實。

對他而言商討階段至關重要，如果他還有力氣討價還價，就代表他還能想像另一種未來，在那裡米莉的死亡事件從未發生。透過討價還價可以有效緩解哀傷不已的心痛。其實霍華從不相信自己真能討回什麼，他只是暫時地喘息而已。

以其他狀況而言，討價還價在切換階段的過程中，發揮類似休息站的作用，讓心智（psyche）有時間調適。藉由討價還價，阻擋在事主與痛苦事件之間的強烈情緒空間得到彌補，使人相信自己有能力恢復被搗亂的秩序。討價還價的內容會隨著時間改變。一開始，我們可能會希望親人活下來，後來我們會希望能一命換一命，代替他們死去。

如果親人性命垂危，我們會希望他們走得安詳。當他們過世，討價還價的內容從檢討過去變成期盼未來：我們期待自己在死後能在天堂和親人重逢；我們盼望家族中不會再有任何人死於疾病，我們希望身邊親近的人再也不會發生悲劇。如果一個母親失去孩子，她或許會希望剩下的孩子往後都能活得安全、健康。

歌手艾力．克萊普頓在知名歌曲（淚灑天堂〈Tears in Heaven〉）中寫進了年幼稚子墜樓的悲慘意外，部分歌詞頗有討價還價意味。例如等他終於到了天堂以後，是否就不會再哭泣。

在討價還價過程中，人們運用想像力改變過去，逐一思考「要是當初」、「要是往後」等問題。但令人難過的是，不管怎麼想總是會得到同一個結論：摯愛早已離開，這才是真正不堪的現實。

沮喪（或憂鬱）

做出討價還價行為之後，我們正視現實，空虛感在此時展露無遺，出現在生命中的哀傷變得更加深沉超出想像範圍。你感覺這個憂鬱階段會永遠持續下去，不過要注意的是，這時期所產生的憂鬱並不代表你的精神出現疾病，而是回應重大失落的正常現象。這時期的我們想要躲起來，陷入濃密的哀傷迷霧，或許還會納悶繼續在霧中獨行還有任何意義嗎？為什麼還要繼續走下去？

早晨來臨，但你並不在乎，你腦中有個聲音提醒你該起床了，但你毫無起身欲望。或許你連起床的理由都沒有，只想繼續躺著。人生感覺無滋無味，離開床像爬山一樣困難，全身感覺沉重無比，起身像是要從身上擠出根本就不存在的力氣。

就算你提起勁來做事，每件事似乎都很空虛沒有意義。吃飯？吃又如何？不吃又如何？你連想在乎都做不到，如果你真的在乎自己身邊發生了哪些事情，可能會開始感到恐懼，所以你什麼都不想在乎了。

其他人看到你這副欲振乏力的模樣，都想拉你一把，讓你的「憂鬱好起來」。

失去摯愛親人所產生的憂鬱，長久以來被誤認為不自然的狀況，需要被修正，需要被強制結束。這時要問的第一個問題是，你目前的狀況真的是憂鬱嗎？失去摯愛的確非常值得憂鬱，這時候抑鬱不但正常而且合理，如果失去摯愛但不憂鬱才不正常。如果你打從靈魂深處感受到失落，你真切體會到摯愛不但不會康復，而且再也不會回來了，那麼憂鬱的確是情有可原的。

不了解傷痛的人，他們也不了解自己。伴隨哀傷而生的沉重幽暗情緒，無論有多麼合情合理，從社會眼光看來，往往是需要被治療的壞東西。臨床定義上的憂鬱症另當別論，這類憂鬱症要是不求診，可能會讓精神狀態惡化。但是哀傷時期所產生的憂鬱是人體的自然保護機制，神經系統在這時被關閉，才能使人有餘裕應付自覺無法消化的問題。

如果哀傷的產生代表你走向療癒，那麼憂鬱就是療癒過程中的關鍵步驟之一。如果你意識到自己憂鬱，或是許多朋友都這麼告訴你，你的本能反應可能是抗拒或想辦法走出來。身陷憂鬱但想走出來，宛如置身旋風內部繞著風牆遊走，深怕找不到出口。

雖然度過鬱期看似辛苦，這時卻要用反直覺的心態面對。你要將憂鬱視為不受歡迎的客人，不管你是否喜歡這位客人，它就是時常光顧。你只好替客人安排座位，邀請憂鬱和你一起在爐火前坐下，不要想辦法從客人身邊逃開。讓哀傷和空虛把你掏空，讓你完整看清你到底失去了什麼。如果你願意體會憂鬱，待憂鬱完整發揮功能之後，鬱期就會結束。在你變堅強的過程中，鬱期總會來來去去，哀傷療癒的過程就是如此。

克勞迪婭是一個聰明有魅力的女性，當她成年的女兒性命垂危時，克勞迪婭很意外自己竟然陷入深深的憂鬱，當時她以為那已經是最嚴重的憂鬱了。但是女兒死後，鬱期再度展開。「這次和她在世那次不一樣，」她說：「當她還在為生命搏鬥時，我的憂鬱被限制在一堵牆、一個固定範圍內，裡面有幾場不打不行的搏鬥。等到女兒過世後憂鬱再度襲來，像沙包一般把我打個正著，我被擊倒，一次次地擊倒，之後我再也不想站起來。」

克勞迪婭說，後來她總算度過這段鬱期，她開始能做更多事，與憂鬱拉開距離。她重返職場做兼職工作，接受朋友的請託幫他們辦事。「隨著時間過去，我感覺好多了。我看見自己進步，變得更加人模人樣。突然之間憂鬱回來了。我以為這一切不是才剛結束嗎？但我想憂鬱還不想放過我吧。

「這次，我聽見一個宏亮的聲音清晰地告訴我現實：女兒再也不會回來了。這次我的憂鬱周圍沒有圍牆，沒有天花板和地板，它感覺比上次更加漫無邊際，我又要招待這位老客人了。我學到了，穿過暴風的唯一方式，就是穿過暴風。」

哀傷五階段雖然廣為人知，卻也遭到誤用解讀。「終結憂鬱」彷彿成了全民運動，需要社會全力投入，有時候外力介入關懷固然重要，不過大多時候我們根本不讓人在哀傷時合理憂鬱。

在這裡要知道一個區別：臨床定義上的憂鬱症是相關疾病群的統稱，而這些疾病都有共同特徵：長期或是過度憂鬱的狀態。然而適當哀傷卻被社會視為需要修正的情緒，這是不合理的。我們有時候就是會陷入哀傷，這種憂鬱本質上很正常，是你的精神得到尋常不過的小感冒，結果電視廣告卻說你需要幫助，還向你推銷消除憂鬱的藥物。不過憂鬱要是轉為臨床上的憂鬱症，就需要專業協助，服用抗憂鬱劑可能會暫時有效。

喪親之後的憂鬱導致的哀傷心情具有能辨識的特徵。要是狀況惡化且長期持續，身邊人也不知道該怎麼幫你，這時服用抗憂鬱劑或許能幫助患者暫時提振精神，離開憂鬱症的泥淖。只有熟悉喪親者狀況且受過訓練的專業醫事人員才能做出準確診斷。

面對憂鬱宛如走在平衡木上，一方面將哀傷視為喪親之後的自然、合理現象，一方面掌握憂鬱的發展狀況，不讓生活品質被犧牲。抗憂鬱劑本身還有爭議，喪親時是否要服用抗憂鬱劑爭議更大。有些人擔心要是吃藥可能會讓哀傷過程快轉，要是真能如此就好了呢。事實上，不管你吃不吃藥，哀傷還是會在原地等你處理。有些人認為用藥只是讓自己有個緩衝準備好迎接憂鬱。有時候你需要用綜合手段處理憂鬱，諮商和用藥同時進行。

憂鬱雖然令人難以忍受，卻含有助人度過哀傷的成分。憂鬱讓我們慢下來，確確實實承受失落的重量。憂鬱卸下了支撐我們的夾板，得以從基礎開始重建。憂鬱也會帶領我們前往鮮少被探索的靈魂深處。

看到別人低潮，大部分人出於直覺想要振奮對方心情，要他們別把事情看得這麼負面，看看人生的光明面吧。其實你會想要振奮對方，意味著你自己也有需求沒被看見，代表你沒辦法一直看對方老是沉著臉。不過，失親者想要多哀傷就該多哀傷，這時要是有人能坐在他身旁但是不勸他振作，他會很感激的。走到攸關生命的特定階段，卻有許多維持生命的事情都做不到，例如沒辦法起床，身心緊繃，容易發脾氣，注意力不集中，什麼都無法在乎。不管周圍是否溫暖，都覺得自己是孤單的。所謂的生命谷底大致就是如此吧，這不禁讓人納悶，往後還有什麼能讓自己產生感覺？人生會一直這樣下去嗎？

接受

一般人很容易誤以為，「接受」等於認為某事會發生是正確的，是可以被允許的，事實絕非如此。應該很少有人會認為失去摯愛是正確且被允許的吧。所謂的接受是要人承認摯愛已從這個世界消失的現實，並且體會到這個現實已成定局。我們永遠不會喜歡這個局面，永遠不會覺得這件事應該發生，但最終我們總會接受，學會在這局裡活下來，這是必須學會共存的新局。儘管你覺得不管從表面上或是感覺上來說，療癒都是不可能到達的階段，不過最終的療癒和調整都在接受階段確實發揮作用。

療癒過程包含了回憶、回想，以及重新振作起來。我們不再對神感到憤怒，能用一些常見的說法解釋摯愛的離去（就算我們永遠都無法理解這些說法有什麼意義）。我們這些還活著的人哀傷地意識到，摯愛會離開就是因為時間到了。當然我們會認為，不管是對生者或死者而言這時間都來得太早了。其實你的親人年事已高，全身又病又痛，又或者肉體再也撐不下去了，隨時準備好要結束旅程。但我們的旅程還沒完呢，還沒輪到我們離開，事實上，我們正要走進一段療癒的時光。

現在我們必須學會在沒有摯愛的世界生存，一開始你拒絕接受現實，或許會假裝生活還跟他們離開前一樣沒有改變。但是透過一點一滴接受現實，我們會慢慢發現再也無法假裝。現實已經永遠改變了，我們必須學會調適。你的人格養成若與逝去的親人牽連越深，調適就會越困難。

療癒的過程讓我們會更加認識自己和親人。說來有點奇怪，不過歷經哀傷帶來的療癒會讓我們更靠近我們真正愛過的人，一段新關係於焉誕生：我們學會和離開的親人一起活著，展開重建的過程，拾起沿路遺落的碎片放回原位。

＊＊＊

籃球冠軍賽即將在市區體育館開打，十七歲的艾倫興奮無比。球賽結束後，艾倫進入停車場。他走向自己的車，結果被持槍的幫派分子隨機射殺身亡。

艾倫的父親凱斯和母親當娜無法理解，為什麼死的會是自己的兒子。憤怒填滿他們的胸膛，與此同時他們終日忙於工作，照顧另外兩個孩子，關切令人心力交瘁的槍殺案後續調查。

凱斯和當娜有一對往來密切的夫妻朋友，他們想約凱斯夫妻倆出來吃飯聚會，在邀約總是無法成行後，這對朋友開始擔心。某天晚上，實在放心不下的朋友突然登門拜訪凱斯夫妻。「你們一定要接受這一切。艾倫已經走了，繼續消沉也不能讓他回來。難道你沒聽過哀傷五階段嗎？其他四階段你都已經走過了，現在只剩下接受就好。」

凱斯聽了朋友這番話相當火大，他問道：「我哪裡不能接受，你說看看？我今天在他的墳前像孩子那樣放聲大哭。如果我不能接受他已離世的事實，我會去他的墳前悼念嗎？今天晚上吃飯，餐桌沒有留他的位子。我們正視現實，我們看到他的房間每個晚上空空蕩蕩。

你還要我們接受什麼？」

朋友低下頭來說：「我只是很討厭看見你們那麼痛苦。」

凱斯則回：「哪輪到你說，我才討厭自己這麼痛苦。」

像這對夫妻一樣誤會哀傷五階段的大有人在。希望讀者要釐清的是，接受一個狀況並不是要去喜歡那個狀況，而是確實感受到失去的一切，摸索出方法與失落共存。當時的凱斯要接受喪子之痛言之過早，儘管他確實看清現實，但要他在那時就達到心情平靜的境界，真的強人所難。

案件結辯以後，陪審團只花了五小時就做出有罪判決，槍殺艾倫的幫派分子被判處無期徒刑，凱斯和當娜回去過他們的生活。

判決出爐，凱斯又要面對另外一種失落感。判決已經宣布，他不會再耗時間等待了，於是心中的空洞感油然而生，也讓兒子離去後的殘缺更加鮮明。

有一件事我們非常希望讀者明白，那就是你會用自己的步調逐漸找到某種平靜。然而若親人死於凶殺案件，你要了解社會固然有司法系統，但那並不保證能帶來正義。有些人甚至認為真正的正義只有摯愛死而復生才算數。此外「接受」只是哀傷五階段的其中一段，並不是一個能畫上句點的最後階段。

以凱斯的例子來說，沒有人知道他能接受多少，也不知道時間的流逝是否會影響他的接受程度。事發五年之後，凱斯自認他已經盡可能接受了。就在他發現凶手準備參加第一次的假釋聽證會時，他覺得他為了接受所付出的努力前功盡棄，聽證會舉行當天他再度怒氣沖沖，但是那天開會很快就結束，凶手假釋被駁回。迅速結束的步調和凶手父親的眼淚都讓凱斯嚇了一跳。這是凱斯第一次發現，原來槍口前後都有受害者。

凱斯走向凶手父親和他握手，那一刻凱斯產生了奇妙的變化，他的憤怒被好奇取代。他想了解這位父親的生活，想知道是什麼讓這兩名父親湊在一起。之後幾年他們一起合作，協助幫派分子放棄使用暴力、融入社會。兩人帶著他們的故事前往多間學校執行計畫。

凱斯的接受過程是一趟旅程，探索的深度遠超過他的想像，而且這段旅程還是在凶殺案發生多年後才啟程。不是每個人都像凱斯，有能力或有意願完全接納傷害過自己的人。但在學會接受之前，你會先經歷激烈衝突，之後才展開這一段只有你才懂的旅程。

凱斯的故事告訴我們：我們會一點一滴收回被失落感吞噬的能量，轉而傾注在生命中。我們審視失落，學會在記住摯愛的同時追悼他們的離去。之後建立新的關係，或是投注更多時間維護舊有的關係。

學會接受會讓你往後生活更自在。我們往往在振作以後覺得享受人生是對不起死者。

失去的注定已經失去，但你可以建立新人脈和其他有意義的關係、互相依賴的關係。不要抗拒心中的感覺，要學會傾聽自己的需求。人總是會前進、改變、成長、進化，你可以嘗試和他人接觸，參與他們的生活，和別人做朋友，也要學會和自己當朋友。你會展開重生，前提是你得給哀傷足夠的時間。

CHAPTER

02

哀傷的內在世界

你的失去

失去的規模無法想像，經歷無法述說。你被撕開一道深深的傷口，受傷的你心情麻痺、極度痛苦，甚是矛盾。

人生只要持續就會經歷許多失去，但是失去摯愛帶來的空虛和深沉的傷痛，卻很難與其他類型比擬。事件發生的那一刻你的世界停止運轉，你記得摯愛離去的確切時刻，或是記得死訊傳來的那一刻。時間的刻度往你心上狠狠刻下一道痕跡。你的世界被籠罩在緩慢不真切的氛圍中，外在世界的時間持續運轉，但是你內心的時間停下來了。

生命持續前進，但你質疑還有什麼理由要前進。眼前的人生被切換了軌道，往後這段新生活再也不存在親人的身影。說什麼也無法安慰你，語言失效。你總會撐過去，但你不知該如何才能做到，也不知道你是否想撐過去。

你所經歷的失去及其伴隨而來的哀傷，是屬於你的特殊經歷，誰也不會和你一樣。其他人或許會跟你分享他們的創傷，用他們知道的方法安慰你。你的失去具有什麼涵義只有你才能體會，它所帶來的痛苦和別人體驗到的不同。

布萊恩在將近六十歲時一條腿被截肢了，這是很嚴重的損失。他在復健過程中看見有人兩條腿都被截肢，於是覺得心情好過許多，也認為自己沒必要低落。布萊恩說他在那刻瞬間醒悟，原來還有很多人處境比他更糟。結果，布萊恩隔天在復健中心看到一個年輕人雙腿健在，步行時只需要拄拐杖。這時布萊恩更加心痛回想起單邊截肢的事實。後來兩人在復健結束後有機會聊天，兩人聊到需要復健的理由。布萊恩解釋他截肢是因為罹患糖尿病，至於拄拐杖的年輕人則說他的背部因為車禍受到輕傷，需要復健恢復能力。布萊恩比較兩人受傷的嚴重程度，他說：「至少你兩條腿都還在。」對方則說：「沒錯，但我太太不在了。」

要是跟別人相比，總有人失去的比你多、比你少，但是所有的失去都會帶來傷痛。如果你覺得七十歲就喪夫太早了，你會發現有人四十八歲就喪夫。如果你在十二歲失去父親或母親，總會有人在五歲或十五歲就遇到相同遭遇。每一個人的失去經驗都帶有強烈的個人性質，比較失去不會比出結果。只有你的失去才對你有意義、對你產生影響。失去的經驗如此深刻，絕對需要你不去比較、全心投入體會。只有你有權判定失去的分量是輕是重。沒有人會知道這次失去能教會你什麼，或是產生多麼幽深的罅隙妨礙你未來前進。這一切只有你明白，只有你能體會，曾擁有的那段關係多麼深刻。

人活著總會扮演許多角色，例如配偶、家長、孩子、家人、朋友，因此你眼中的親人，別人在過去和往後都沒有機會看見了。一個人的死亡帶給身邊的人不同解讀，每個人的體悟都不一樣。在親人死後，你的任務就是全面體認到自己失去了什麼，用你專屬的視角解讀。該用多少時間，該花多少心力就盡力配合，你會讓心中的殘缺變得完整，變成自己的一部分。

解脫

許多人發現他們的失落感隱含著一股不請自來的異樣感，那就是「解脫」。與無所不在的哀傷相較之下，解脫感更顯鮮明。這時感到解脫通常會被認為不對勁、脫序、錯誤。為什麼關係親密、令人牽掛的摯愛死去了，你卻鬆了一口氣？

如果你確實感受到解脫，或許是因為你的親人在生前活受罪，而你慶幸對方終於因為死亡而解脫。當你看到摯愛受苦，別說是那幅景象，光憑想像就會讓你不僅悲而且痛。你當然希望對方長壽，活出健全幸福的人生，但是你沒有這種選項。

你並非希望摯愛趕快死去讓你解脫，而是希望對方不再痛苦，所以你在她離開人世後產生上述感受。解脫和哀傷交織在一起，把你搞糊塗了，沒有解套的可能。遇到這種狀況你要知道，你的解脫感來自摯愛不再受苦、不再疼痛、不再被病痛折磨。病魔離開了她的身體，不再使她疼痛。

親人痛苦的程度和時間長短可能會影響解脫感的輕重。以美國前總統雷根為例，他在離世前飽受阿茲海默症折磨，時間長達將近十年。妻子南西心中滿溢深切的哀愁，她向全世界展示她的喪夫之痛。許多人（包括雷根親屬在內）看了都說，看到雷根終於不再受苦，自己也跟著感到解脫。雷根的晚年飽受痛苦，毫無生活品質可言，家人束手無策，只能看著他逐漸萎靡。以這種情況而言，病人離世任誰都會感到解脫。

如果摯愛離世前的痛苦並沒有持續特別長一段時間，要區分解脫和失落會變得更加困難。你明白對方再也不用受苦了，事實上，是你們兩個都解脫了。痛苦是全家人的事，一人受苦，全員共同分攤。

約翰為了接受簡單的心血管手術而住院，他和妻子阿曼達在術前被告知手術可能會有風險，不過這只是例行告知而已。夫妻倆接受風險同意手術，偏偏約翰極不走運，他就是會產生手術併發症的少數千分之一。阿曼達還弄不清楚狀況，約翰已呈現出「急性呼吸窘迫症候群」（ARDS, Acute Respiratory Distress Syndrome）的症狀，也就是發炎導致肺部失去功能，程度輕重不一。阿曼達不敢相信竟然有這種症候群存在，也不敢相信ARDS一舉擊潰丈夫的身體健康，讓他重大感染、呼吸衰竭——畢竟發生這種事的機率真的太低了。約翰不但需要施行心肺復甦術，甚至還做了兩次。他體溫上升到華氏一百零七度（接近攝氏四十二度）。心臟手術過後幾天約翰躺在加護病房中，大腦幾乎無法運作，生存機率之渺茫更不用提。

接下來十天，阿曼達看著丈夫臉上被貼滿透氣膠帶固定呼吸器導管。到了第十天，約翰最後一次心臟驟停，他的心跳沒能恢復。阿曼達震驚無比，兩週前的約翰不管是外觀看起來或感覺上都是一個生龍活虎的健康人士；然而阿曼達也替他感到解脫，在那好像永遠不會結束的十天後，約翰再也不會被折磨了。

接下來阿曼達要做的，是整合心中的解脫感和哀傷，這是典型的「混合情緒」（mixed emotion），多數人都會有這種體驗，雖然很多人誤會一次只該感受到一種情緒，事實上是有多種互相衝突的情緒同時在體內共存。因此阿曼達大可同時感受解脫與哀傷，但她要怎樣才能讓自己心安理得接受每種情緒？

面臨哀傷的人，心中都有一口深井，井裡存在著不同情緒。雖然情緒共存的狀況讓人頭大，事實上你不用計較哪種情緒是對是錯，每當情緒湧上就汲取感受，藉此了解到我們解脫的根源並非因為對不起親人，而是源自深沉的愛。即便你失去摯愛心有不甘，但你其實知道：你寧願放手讓對方離開，也不要看對方繼續受苦。這是真愛。

解脫感出現在許多場合和時機：例如當你把家裡的醫療儀器全部清空，把自己布置的病房還原成臥室的那一刻，空虛感油然而生，另一種傷痛悄然浮現。你回去工作那天高興得有點內疚，你帶著事件發生前的平常心重返職場，心中一陣解脫。然而到了下午四點半，你突然意識到下班回家後家裡不會有人等你。和朋友重聚聽他們說說笑笑會讓你開心，你心裡雖然解脫但參雜哀傷，或許還有些內疚。

這裡需要了解的是，感到解脫並非異於常人，而且就算哀傷尚未告一段落，你還是有可能感到解脫。你的反應很正常，沒有理由內疚。你現在的解脫，是暴風雨離開之後的寧靜。

情緒休憩

失去親人之後所產生的情緒動盪是很陌生的，這時你會感覺數種情緒傾巢而出，你從漫不關心變成焦躁萬分接著突然怒氣沖沖，或是看到什麼都難過。你可能這一刻好端端的，結果下一秒突然感到此生無望，變化來得毫無預兆。身邊的人可能無法理解我們的極端變動，因為我們自己也不懂。這一秒冷靜，下一秒淚崩，哀傷就是如此運作。

然而直接感受痛苦情緒的時間總是有限，我們會想到還有工作要做，想起其他事情而暫時分神，之後我們會再回頭調整情緒，接著往下處理。倘若你沒有來回經歷情緒起伏，永遠不會培養出在失落中尋找平靜的力量。

凡妮莎的兒子死於車禍，幾個月後她重返職場。多年以來她都擔任經理，這次重返職場也獲得了類似級別的職位，感覺上從事和以前一樣的工作是很合理的選擇。結果過沒多久，職場上分頭進行的多線任務刺激她產生多重情緒，讓她怎樣都無法應付。她工作沒幾天就發現自己做錯了決定，原來她還沒準備好。

她說：「對不起，我不該接下這份工作，事情已經超出了我能應付的範圍。再過一年這份工作我會做得很上手，但現在我只想做簡單工作，例如轉接專員，打打電話就好。」凡妮莎知道她的情緒界線在哪裡，也有足夠的勇氣把情緒健康放在第一位。

另外一種極端情緒是完全否認自己有希望重返正常生活。經常感受到失落感重現，還自認永遠學不會用健康的方式與失落共存。這時不管走到哪裡都會感到失落，哪怕再微小的事件都會觸發人產生最激烈的過度反應。

律師海倫娜的丈夫漢克與心臟疾病纏鬥許久後逝世，海倫娜自認已走出喪夫之痛。漢克最好的朋友——克里斯和茱蒂夫妻倆定期關心海倫娜。她反覆告訴他們自己狀況不錯，他們知道她在用她那一百零一招度過這一關。

漢克過世之後一個月，夫妻邀海倫娜吃晚餐，日子交給她來選。

海倫娜說：「什麼時候都可以，我沒有任何邀約，你們隨便選哪個晚上我都能赴約。」夫妻倆挑了五天後的週一晚間吃飯。但到了週一早上，克里斯打電話來改時間，他說：「這週非常忙碌，改成禮拜六好不好？」

海倫娜聽了一語不發，異常沉默。靜了一陣子之後她說：「抱歉，週六不行，我看這次就不約了吧，不說了。」之後她掛掉電話。

原來，海倫娜覺得自己被朋友拋棄了，她整個人垮掉，之後茱蒂多次致電她也不接。茱蒂留下語音留言：「怎麼了？是不是克里斯說錯話？你為什麼不回電？」

茱蒂週五下班後開車繞去海倫娜家看看她是否出事了，她敲門但是無人回應。茱蒂看到海倫娜的女鄰居在花園澆水，就問她最近是否看到海倫娜。

鄰居說：「今天早上有看到，她正要出門上班，我們互相揮手。」

茱蒂坦承：「我很擔心她，自從我們飯局改時間後，她再也不接我電話了。你覺得她看起來還好嗎？」

那天晚上，鄰居去海倫娜家拜訪。海倫娜對鄰居露出笑臉，鄰居說：「你朋友今天來過，她說她很擔心你。」

海倫娜皺眉。「你是說我『以前』的朋友。」

稍晚茱蒂又打電話來，海倫娜接起後聽到對方說：「請告訴我到底發生了什麼事。」

海倫娜說：「真不敢相信你們在這種時候取消飯局，朋友不是這樣當的。我再也不想看到你們。」

茱蒂說：「在你絕交結束二十三年友誼之前要知道，我們絕對不是故意整你。你之前說你完全沒有邀約。後來我們這禮拜變得很忙，兩人都累得要命，你也說任何一天都可以，所以我們就選了兩人最有體力的那天。如果我們知道你會有這種反應，絕對不會改期。拜託出來跟我們吃飯，我們很想念你，也很愛你。」

海倫娜嚎啕大哭。「對不起，我最近像是變了一個人，我大概沒意識到自己狀況有多糟吧，我只是把所有痛苦和哀傷遷怒到你們身上而已。」

要讓情緒緩和，必須先接受情緒，看見情緒在哪裡。你經歷了許多事件，情緒的波長增幅至前所未有的範圍，因此你會經歷情緒低谷和高峰，讓你毫無心理準備，不知如何處理。

你心中的失落猶存而痛苦尚未終結，那是因為之前你吃過非常多苦頭，所以不要譴責情緒極端的自己。請想想你能做哪些事情讓情緒穩定下來，想到了就放手去做，不要批評自己。你可以沉溺在電視電影音樂之中，也可以離開原地換個風景欣賞，你可以出門旅行，做做戶外活動，不然乾脆盡情放空什麼也別做。總之，有什麼事情能讓你安適就去做吧。不過就算知道自己在放鬆，你還是有可能極度不自在，彷彿在強迫自己放鬆。這是因為你之前太緊繃，導致緊繃過後做什麼都有特別鬆弛的感受。其實你的生活已經失衡好一陣子了，而且還會持續失衡好一陣子，你需要一段時間才能找回新的平衡。

這時你可以找時間跟老友相聚，或是花更多時間和現有的朋友聚會。參加輔導團體可能會讓你認識更多新面孔，總之以上建議都對你有幫助。不過要注意，別帶著未消化的情緒展開新關係，因為你可能還沒準備好，而且殘留的情緒會讓事情變得複雜。情緒就跟身體一樣需要修復。在修復期間如果有複雜或重大決策待發落，能緩則緩，如果不能就尋求外援，和值得信任的親友請求建議。

事發過後一年，或許你會經常感受到自己經歷情緒掏空的現象，這時你需要來個大改變。

傑瑞在喪妻之後內心世界天崩地裂，因此他特別小心維持外在世界的恆定。他已經沒有心力應付任何改變，他繼續做一樣的工作，住在同樣的房子裡。

喪妻之後第二年，職場上的同事發現傑瑞看起來更加平靜，老闆也說他看起來更開心了，他很好奇傑瑞發生了什麼事。

傑瑞說：「自從搬家以後我就好多了，我絕對無法在她離開後第一年就搬家，我需要一切維持不變。但是到了第二年，看到每個房間都會讓我想起她已經不在了。原本溫馨的家卻變得令人心煩，一再提醒我身邊少了她。看到廚房我會想到『莎拉再也不會在這裡煮菜了。』看到臥室我會想『莎拉再也不會在這裡睡覺了。』可是搬到新家後心境煥然一新，莎拉的身影不再困於舊家，她現在活在我的心裡。一開始我會想，搬家是否代表我不珍惜與她的回憶，後來我發現這種想法會讓她變成掏空我情緒的因素，她一定不想在死後讓我變成那樣吧。」

後悔

摯愛離世時我們心中往往充滿懊悔：該說該做的事情、沒說沒做的事情太多了。我們心裡不斷想著哪些話該說出口、哪些話別說最好。但我們都是凡人，世間罕有人能斷言從來不曾後悔。後悔是失親經驗的一部分，和你一樣感受的大有人在。

人生總是比我們想像中還要早結束，摯愛離世時我們往往毫無準備，產生未竟之事的遺憾再自然不過。我們沒有時間一一執行自己想要做的事情。人總有許多心願，很少人會想要全部完成，更別說是完成得漂漂亮亮。一定會有未完成的夢想，未能達成的心願。事實上，就算你替摯愛做了再多，再關愛他們，你總會發現自己有該做的事情沒做到。人心一定會追求更多渴望，而渴望總是不停變化。如果你真的順從渴望並且達到目標，又會蹦出新願望要達標。

荷莉生病時，她唯一的遺憾就是無法看到女兒長大成人。於是她進入了和神討價還價的階段。「神啊，請讓我活到她進入幼稚園吧，那時她應該能好好成長，我也別無所求了。」

荷莉的心願成真，她活得比預期中還要久。女兒幼稚園畢業那天，她看著女兒說：「神啊，請讓我活到她十歲吧，她還暫時離不開媽咪呢。」

直到女兒十一歲荷莉才離世，而她在死前不斷求神讓自己能看見女兒進入青春期。荷莉的親屬永遠都會遺憾荷莉的時間不夠多。

後悔是必然的：你早該收看摯愛喜歡的電視節目，你早該再說一次「我愛你」，你早該再來看他們一面。

理性上我們都知道自己時間有限，也知道無法達成所有目標，但是理智和情緒無法互通，後悔就是心情傳送的訊號，代表你想要追求更多，想要獲得機會一直重來，把事情做到最好。後悔來自反省過去，死亡殘忍地讓我們放大後悔，過度在意應該過去的事。

以為時間會無限延續的妄想，讓我們看不清身邊人對自己多重要。等到對方離世，一切都回不來了，重要性才浮現。你在丈夫葬禮上聽到他的童年玩伴說起兒時回憶，你心想，「我總想問他，在芝加哥長大是什麼感覺。」又例如你喜歡吃某人做的肉餅（meat loaf），但做法到底有哪些？或許你曾聽到摯愛在晚餐桌前和派對上總說同一個故事，現在你想追問故事細節，卻找不到人問了。你得不到答案，只得到後悔。

住膩了公寓的亞歷山大想和太太蘿拉另購新宅。蘿拉不但只想買房，還有許多美好想像，她講起裝潢和後院布置就滔滔不絕。她甚至還想像客人來訪的感受，新家的溫暖氣氛和色調一定會讓他們很放鬆。其實蘿拉當下就肯定他們可以買房了，就算物件價格有點高也無妨。

但是亞歷山大想得較實際，他說：「再等等吧，要等我們年收增為購屋貸款的三倍才能下手。」父母擔心無法支付帳單是亞歷山大最可怕的童年回憶。

然而過沒多久，蘿拉發現她得了末期胃癌，只剩下幾個月可活。之後夫妻倆經常跑醫院看病。妻子過世時亞歷山大還在狀況外。這段期間他們一直忙於抵抗胃癌，無暇討論心中夢想的新家。妻子死後，亞歷山大感到深深的懊悔，為何當初不直接下手買房？

他心想：「買就買，有什麼關係？開銷一定應付得來，就算她在新家過世，之後賣掉就好了。那時候就買房至少可以讓她夢想成真。」

現在的亞歷山大不僅懊悔，心態也和當時不同。當時他怎麼會知道，夫妻倆沒有四十年時光慢慢打造理想家園呢？但是沉浸在懊悔中的情緒，掩蓋了事實細節。

夢想往往會變成往後的遺憾，你未必能擁有你所企求的一切。

小事也能讓人遺憾。喬許總是喜歡唱同一首歌，有一天他妻子鄭重警告他，他只能在沖澡且關門的前提下唱那首歌。但是在喬許死後，妻子願意付出一切再聽他唱那首令人火大的歌，她很難過她在喬許心中埋下了唱歌禁令。

人對於生命有疑惑，對死亡有疑惑，而懊悔也是一種疑惑：那時候真的只有死路一條嗎？當初處理方式不同能改變什麼？現代醫學提供了各種選項：中醫、西醫，積極療法、保守療法。當初親人一發現病徵就去看醫生，或者以為那沒什麼、可以再觀察看看？

不管當初做了什麼選擇，現在失去親人的你或許會後悔，為何當初不做另一個抉擇。

我們見過太多人試過太多辦法要對抗病魔，所以我們能說，那些令你後悔到夜不成眠的選擇，多半做了也未能改變結果。這說法聽起來相當刺耳，畢竟坊間有許多書籍提供療法，也有醫院和抗癌療法的廣告。我們要告訴你的是，有些病能治，有些不行，知道這兩者的差別後，能解開你的懊悔之苦。事實上，就算改變事情的做法，或許能改變過程，但無法不讓死亡發生。

你要盡可能與所有後悔和平共處。人生只有一次，要做到所有事情實在不切實際，活出完美人生且完全無悔更不可能。請原諒自己。況且，要是當初你能做出更好的選擇，你早就做了，不是嗎？你在那一段時間範圍內已經盡力了。

哀傷能療癒的不僅限於你的失落感，有時候也包括你這個人的整體。如果你有勇氣順從感受追溯其源頭，會發現源頭可能是哀傷，有時也有可能是深沉的情緒。後悔固然屬於哀傷的一部分，但繼續直指核心追溯，或許會發現畢生未曾察覺的癥結。哀傷經驗或許能讓你獲得更大程度的療癒。

面對失去摯愛所帶來的懊悔心情，如果你還有什麼話想說，記得你永遠可以在心中對他們說出這些話。「對不起，請原諒我，我也原諒你。我愛你，謝謝你。」這些話永遠不嫌晚。

說完以後，還有什麼好後悔的呢？

眼淚

哭泣是我們宣洩哀傷的管道之一，是人體內建的奇妙療癒機制。然而哭泣這道必要且關鍵的減壓程序卻經常被阻止啟動，令人惋惜不已。哀傷想哭時，我們通常只有兩個念頭：第一是發現衝擊性的哀傷襲來，第二則是「我不能再哭了」，許多人只要一哭起來，隨即開始壓抑這個正常現象。

梅琳達進入地方上最具盛名的會計事務所時，成為內部最年輕的員工。後來她和部門經理約翰結婚。約翰在工作上施展能力，梅琳達在家中決定大小事。約翰在人資部門任職，擅長管理人員解決相關問題。梅琳達專精數字，她熱愛會計，喜歡二加二永遠等於四這種不變的邏輯。

婚後二十年，約翰發現自己得了無藥可醫的心臟疾病，梅琳達無法理解為何會發生這種事。夫妻倆沒有抽菸，注意飲食，規律運動。不應該發生這種事情，但就是發生了。梅琳達像管理專案一般開始照料丈夫，她在網路上搜尋療法，找到任何說明會都去參加。後來約翰健康惡化，梅琳達發現丈夫在哭。她說：「不要哭了，眼淚對我們沒有幫助。」

約翰輕輕地說：「我們已經盡力了，一切都快結束了，而且——」

她不讓他說下去。「還沒結束，總有其他方法可以嘗試。我不希望錯過任何可能療法。」

約翰伸手碰她說：「請你不要錯過我們道別的時刻。」

約翰躺在床上，她坐在他身旁，忍住不哭。約翰說：「寶貝，哭出來沒關係的。你看，連我都在哭了。」

「你不懂，要是我一哭，就會永遠停不下來。」梅琳達說完還是忍住不落淚。

像梅琳達這樣的人擔心一哭就沒法止住，所以忍住不哭。不過你不信也好，眼淚總有停止的一天。在那天尚未到來之前，還沒哭夠就壓抑自己宣洩是最糟的情況。未能宣洩的淚水總有辦法讓你的哀傷之井累積得越來越深。如果你需要哭三十分鐘，請不要在二十分鐘以內結束。把所有該釋放的全都釋放，之後眼淚會自己止住。如果你盡情哭泣直到無法再繼續，你會感到如釋重負。

在約翰過世十年以後，某天梅琳達搞丟了車鑰匙。那時她滿載購物商品，車外下著傾盆大雨。剛才明明還有看到鑰匙，但現在就是不見了。她在錢包內找了又找，把每一個購物袋都掀起來查看底部，又檢查車內地上。找到非常沮喪的她坐在車裡發呆，無助地看著窗外的雨潑灑在車窗上。她發現雨滴打在車窗上，水珠從小累積到大，然後從擋風玻璃上滑落。看著看著她開始哭了，哭到後來無法自已，請朋友接她回家。回家後她繼續哭到深夜，後來那個週末她還是在淚水中度過，哭到她的臉彷彿隨著數千數萬滴淚珠流淌融化。回首過去十年，她自覺像是小鎮外隨處可見的大型水塔：人量儲水累積在內，高聳、龐大，不能隨意靠近。

梅琳達現在還是會哭泣，但她明白一哭就停不下來這種想法有多荒謬。哭泣當然有停下來的一天。其實真正停不下來的，是引發哭泣的感受，誰也不希望這些感受消失吧。

社會將眼淚視為軟弱的象徵，還認為戴上堅毅的面具才算堅強。你是否哭泣與生長環境較有關係，而非失落感本身。有些人在成長過程中被允許哭泣，有些人則否。有人覺得躲起來哭沒有關係，但是在公開場合哭就是不行。不管你是在哪一種環境中長大，失去摯愛都會觸動關鍵，讓你在意想不到的場合落淚。

有時候你會毫無來由就哭起來，你會覺得這實在莫名其妙，因為你根本就沒有意識到自己在想念親人。其實眼淚會不請自來是在提醒你：失落感一直都在。很多人不經意回想起摯愛，接著在毫無準備的狀況下哭了出來。例如你在上班的時候，某位一年不見的同事毫不知情地問你「最近有新變化嗎？」他們完全不知道你經歷了什麼，結果情緒卻湧上來。這時你也沒辦法，只能盡量拿出專業態度振作起來，然後解釋你經歷了什麼新變化。

安寧護士瑪麗安為自己定了一條規則，要是一位病人被她照顧超過四個月且過世後發訃聞給她，她就會出席葬禮。某天瑪麗安的督導雪莉陪她一同出席葬禮，死者是過去六個月由她倆合力照顧的善良和藹女士。雪莉看到瑪麗安在葬禮上哭到不能自已，開始感到擔憂。她知道葬禮結束後瑪麗安還要照顧好幾位患者，她擔心瑪麗安無法調適心情。

後來她們走去開車的路上，瑪麗安冷靜下來，雪莉問她：「你今天可以照顧病人嗎？」瑪麗安面露微笑。「當然可以啊。」話說完她就開車走了。

後來雪莉關心瑪麗安的狀況，雪莉說她很擔心瑪麗安，因為她之前看起來十分激動，又因為病人之死哭得相當淒慘。

瑪麗安握住雪莉的手說：「我就是這樣做，才能持續這份工作超過二十年。我為我在乎的人哭泣，連一滴淚水也毫無保留。今天踏出這場葬禮後，我除了美好回憶什麼也不帶走。有些護士和家屬會壓抑哀傷不表現出來。都這種場合了還不好好哭一場嗎？」

瑪麗安知道要從內部接受傷痛，而後向外釋放。當她完全釋放哀傷以後，她的功課就結束了。沒有流出來的眼淚不會蒸發，淚水中的哀傷累積在我們的身體和靈魂裡。哭泣往往被視為誇張、情緒化、軟弱的象徵，事實上只是內部的傷痛得以外顯而已。

哭泣引發的反應不一。有些人會慶幸對方終於能哭出來了，也有人覺得很尷尬，心想：「要是他們哭了我好像也該哭一下。」「連不哭的欣蒂都在哭了，事情一定很糟吧。」現在即便是男性都逐漸發現其實哭泣沒什麼大不了。九一一事件發生後，我們看到大量男性哭泣的畫面，連消防員也在哭泣。這有助於我們改觀，哭泣不是軟弱的象徵，反而顯示出深沉的憂傷。

飛行員諾曼因越戰而失去唯一的親兄弟，但他覺得自己有必要在陸軍基地以及內心堡壘都展現出堅毅的一面。多年以後，九一一事件不僅帶給他深深的衝擊，更觸及了他個人的內心。他感受到自己屬於這個遇難的國度，也回想起當年失親的感受。他看著現場哭泣的男人，心想，「如果以前我知道男人可以落淚，我也會哭的。」然後他反問自己：「如果我當初哭了的話會如何？」於是他終於也哭了。

在公開場合哭泣所招致的反應因文化而異。在某些地區哭泣有失莊重，然而在某些文化中不哭卻代表不尊重死者。

一名母親有三個孩子，其中兩個過世了。當她第一次遭逢喪子之痛時悲痛不已，趴在靈柩上大聲哭泣，她丈夫將她輕輕拉起來站好。葬禮繼續舉行。

第二個孩子過世時，葬禮開始前這位女士的母親將她拉到一旁說：「不要像上次那樣丟臉，你知不知道上次你哭到睫毛膏暈開流到下巴？你的妝都毀了。」

女子正色，語氣冷靜：「那你知不知道如果我不哭，會是什麼被毀掉？」

眼淚是生命的象徵，是感受的一部分，是我們的一部分。眼淚存在我們的身體裡，在體內流動。眼淚是我們的代表，痛苦的結晶。象徵著哀傷的淚水隨時可能流出。淚水與生命緊密連結，有時候哭著哭著卻笑出來，會讓你感到錯愕。

人生的歷練讓我們哭完後笑自己傻，請別因此感到內疚。這就是人生的滋味，悲喜交雜。哭泣是讓傷害最小化的調適心痛機制。

在哀傷輔導團體中，我們通常會設立以下規定：「每個人都要帶面紙，自己擦眼淚。」因為只要看見有人哭，所有人都會抓起面紙盒遞過去，這行動或許出自於安慰，卻也傳遞出「快點哭完然後算了吧」的訊息，而且一旦關心他人情緒，就會逃避自己的了。

事實上，眼淚象徵著生命，你大可放心接受。一位女士在喪夫後打電話給父母，在電話中哭了出來。母親聽到她嚎啕大哭就說：「該掛電話了。」幸運的是父親卻插嘴說：「別掛，就算她在哭我也要留在線上。」

完整走完哀傷的其中一項功課，就是務必接受死亡。如果你的文化能接受哭泣，或你內心哀傷需要哭泣，而且眼淚非流不可，那麼就該運用這樣珍貴的工具帶來療癒，毫不猶豫。

比起哭泣，長久壓抑淚水帶來的後果更可怕。能哭出來是最好的，沒有別人能代替你流淚，自己的眼淚才算數。如果你看到別人哭自己也跟著哭，是你心中的哀傷被觸動了。有時候你寧可為了別人流淚，也不願為了自己哭泣。但無論你在哪一種場合哭泣，每當你哭，總是為了自己。

天使

一名年齡四十出頭的女性在醫院臥病在床，丈夫陪伴在身側。醫院的牧師走進病房，夫妻倆抬眼看他，接著聊起妻子的癌症病況以及未來可能的療法。臨近癌末，其實已無太多療法可選。妻子先看看丈夫再望向院牧，用平淡的口氣說：「我昨晚看到天使了，這是我第一次看到他們。」

院牧問：「天使長什麼樣子？」

「長得非常美麗，」她眼神發亮。她發現先生並沒有因為她看到的景象而感到安慰，便說：「別擔心，到時候他們也會陪伴在你身邊並且安慰你。」

院牧在病房外遇到妻子的醫師，便請教病人狀況。醫生說她選擇有限，不過還有一種實驗療法或許能讓她再活久一點。醫生問院牧訪視進度，後者回答：「她看到天使了。」

醫生垂眼。「這可不太好。」

「沒錯，」院牧說：「以病況來說不好，但從靈性角度來看再好不過了。」

後來病人過世時，她那句「天使會來安慰你」緩解了丈夫的悲痛。他對密友說：「這感覺不知從何說起，我不想讓人家以為我瘋了，但我感覺到了。妻子離開時我知道她會好好的。打從那一刻起，我就感受到自己是被看顧著的。」

有些人深信天使、守護天使確實存在，有些人則是希望他們存在。天使在西方文化中有許多形象，例如帶來死亡的天使，以及接受禱告提供幫助和安慰的天使，屬於神和天堂的天使。我們祈求天使，用和煦的態度接引摯愛離世，祈求天使看顧我們，祈求天使在另一個世界接見摯愛。很多時候我們只是單純祈求，別無他想。

天使是否存在沒有必要爭論，他們是超越實體的存在，可以被證實也可以被推翻。通常要等到摯愛離世，我們才開始思考天使的意義。天使帶來希望和安慰，他們是宗教和靈性信仰的一部分，受到許多人重視。有人認為天使來自New Age信仰，不過天使的典故和詮釋可以追溯到《聖經．創世記》。神提到創造時，會說「我／我們創造了……」代表神創萬物前天使已經存在。

很多人不相信人會孤單死去，因為天使總在身邊。小小孩經常把天使稱為他們的玩伴。天使的形象多變，有人認為他們是嚮導，也有人認為他們是鬼（沒做好心理準備就看到天使，這麼認為也是難免）。不管我們如何稱呼天使，重點在於許多文化深信：人從出生到肉體死後都有天使陪伴。直到我們嚥下最後一口氣，天使將會幫助我們轉換到純粹靈性的存在。天使也會守護被我們留在身後的人。既然沒有人會孤單死去，你也不會一人承受哀傷。

天使在許多人心中以天堂天使的形象呈現[3]，他們也會化身為凡人存在於你我之間。臨終之人，以及深陷哀傷的人都會說，他們的朋友就像是天使下凡，在關鍵時機發揮作用。

一對姐妹多年來相處並不熱絡，後來其中一人喪夫，姐妹關係因此變得緊密。並未喪夫的那一位說：「希望你能搬來和我們暫時一起住。」

多年以後這名寡婦跟朋友說：「我並沒有去對方家裡住很久，但在我感到如此失落的時候，她給我一個容身之處。我發現她真的是天使。」

你還要知道，當摯愛離開人世，某些超越肉體的存在將會在世間暫時停留撫慰人心。

3 譯註：頭頂光環，具有雙翅。

這些存在究竟是什麼？描述或是證實已經超過了凡人所及。失親者有時會說：「在最黑暗的日子裡，一定是天使扶了我一把。」他們感覺到摯愛從他們看不到的世界持續提供安慰。有些人認為神派天使來到他們身邊，告訴他們其實並不孤單。

你的摯愛依然存在。雖然你現在看起來像是隻身踏上漫漫長路，其實還有人伴你同行。

在協助他人度過哀傷的工作過程中，大家都對他人提供的協助心懷感激。有時候在交流哀傷經驗時，要是聽到有人說他們的生命被我們說過的話改變，我們聽了也會和常人一樣感到尷尬，因為我們並不記得那些轉捩點。懷著純粹的善意幫助別人時，自己通常是沒感覺的。

在法蘭克・卡普拉的經典電影《風雲人物》中，天使讓一名男子知道，他單純善良的舉動替別人造成了多大的影響。要是這名男子從未出生，又將會是一場多大的悲劇。這部戲還有另外一條支線劇情，就是天使在幫助主角後，長出了翅膀。不過拉回主軸，主角從沒意識到，他的人生片刻對他人而言宛如真正遇到天使下凡。我們都有讓他人感到幸福的天使時刻。出於善意的微小舉動看起來或許沒什麼，卻可以讓人從哀傷振作，拯救他們的性命。

天使看顧我們，我們也能看顧他人。身陷哀傷時，我們會想，「我的天使上哪兒去了？」結果卻沒看見周遭像天使一般的人兒，或許是我們看不見、感受不到那些人帶來的愛。我們有所不知，當朋友或全然的陌生人剛好在恰當時機說出你要聽的話，那時他們的確是天使。

艾略特退休後喜歡打打高爾夫，某天他在球場上心臟病發作過世。他的妻子康妮想到沒能陪在心愛的丈夫身邊，反讓他在空蕩蕩的球場上死去，她揪心不已。她說：「我只希望能知道他過世時並不難受。我知道他喜歡打球，但不知道他是否認為這樣死得其所。」

十一個月後康妮報帳報得筋疲力竭，她從先夫的電話簿中找到報稅員的號碼打過去。她還沒說起丈夫已過世，報稅員先說：「你先生說你很會理財，總有一天會輪到你掌管家裡財務。」

她問：「他真的這麼看好我啊？」

「對呀。他對我說過：『有一天我太太會打電話給你說，今年由她來報稅，那時候我就在高爾夫天堂嘍。』」

康妮不知道報稅員是否在安慰她，便問：「高爾夫天堂是什麼意思？」

報稅員也不知道。「大概是說他很喜歡高爾夫，打球就跟上天堂一樣快活吧？所以他現在人不在，是去打高爾夫嗎？」

康妮把丈夫的死訊告訴報稅員，對方旋即道歉，康妮請他不要在意。她總覺得這對話是丈夫給她的訊息，讓她知道他能接受自己在球場上離開人世。想到這裡康妮舒坦許多，心裡充滿自信，她深吸一口氣、繼續報稅去了。她認為這位素未謀面的報稅員是天使的化身，也自認得到了先夫的鼓勵。

最終大家可能還是想知道，「天使到底長什麼樣子呢？」但因為每個人的哀傷和慰藉都不同，所以答案並不一定。有些人只要一瞥天使身影就有力氣撐下去，有些人只要在哀傷中聽到聲音就能得到安慰。或許你會看見逝去的親友們一起出現，以康妮的例子而言陌生人就是她的天使。

如果你想看到電影中長翅膀的天使，你應該會失望。倘若你讓哀傷的心情帶你回顧人生片段，或許能看見純粹的天使時刻，無庸置疑。

能在平凡中發現不平凡，就能發現天使。哀傷是我們最需要天使的時刻，而他們也總會伸手相助。

夢

夢境本屬睡眠的一部分，將我們心中的希望、最深的恐懼以及介於兩者之間的一切全部具象化。你在失去摯愛之後卻夢見對方依然活著並不奇怪。例如一位女士在丈夫過世後，夢見有人敲門告訴她醫院出了巨大的疏失，其實過世的是別人，她丈夫不但還活著而且狀況好轉，正在回家的路上。

夢境一跳，丈夫從救護車前座走出來，車身播放鳴笛，聲音之吵鬧彷彿在宣告醫院出錯多麼離譜。丈夫向她走來，他看起來無比健康。雀躍不已的她望進他眼裡，卻聽見救護車鳴笛依然響亮，後來才發現原來是她的鬧鐘響了。

有時夢境會顯得過度美好，這是我們的心理作用，希望能藉由做夢與摯愛短暫重逢。許多人說不管做到什麼夢，他們都很感激能和摯愛再多相處片刻。

夢境透露出內心世界的狀況。通常人會在夢中感受到過度壓迫。一位喪妻的男士說，他在夢中來到健身房，有人一直給他增加槓片重量要他舉起。「太重了！太快了！」他這麼喊著，醒了過來。

當我們處於哀傷，會在夢中感受到我們終究什麼也掌控不了的無力感。一位失去姐妹的女士夢見她被困在暴風雨中，哪裡也去不了。這個夢境算是好解讀的，有些夢境卻不是如此。

夢有許多種功能，它可以讓你暫時撇下痛苦，或是讓你看見你的靈魂在和現實搏鬥。由於在潛意識中，願望和現實是分不清的，所以無論夢境帶有什麼涵義，都是在幫助我們入睡後釐清模糊的感受，有助於推進哀傷過程。或許你會發現夢境毫無邏輯，互相矛盾的狀況同時出現在夢中。例如你因為摯愛離世所以在夢裡非常生氣，但同時你卻在夢中跟活跳跳的死者討論他們的離去。這是在我們清醒時難以想像且不合邏輯的經驗。

失去親人會讓你渴望感受到摯愛依然以某種形態存在於某處。邏輯世界無法提供我們慰藉時，夢境以極為私密的形式達成你的渴望。我們可能不知道自己在做夢時運用了多少心理層面的力量，因為雖然所有人每天晚上都做夢，卻只有少數人醒來後依然記得夢境。夢境可視為生者與亡者交會的地點。

失去親人之前所做的夢通常因為訊息並不明確而難以詮釋，夢境有太多需要解讀的符號，破碎的夢境令人百思不解。不過等到失去親人之後，夢境通常會改變，訊息變得更直接，讓人看得出來夢境想要安慰做夢者，告訴他們親人依然存在，帶給他們情緒上的支援。就算夢境的訊息並不明朗，做夢者醒來後還是會心懷感激，因為就算只能在夢中相聚，也能稍微排解現實世界的心痛與失落。

夢境讓我們了解，摯愛已經脫離了我們在醫院中淚眼相送的病身，我們在葬儀社所見到的肉體再也不能代表他們。他們恢復健全完好，變回從前熟悉、想念的模樣。不過有時夢境反而會讓人痛苦，因為夢無法被控制。有些人想做夢卻做不來，他們極度想要再見摯愛一面卻不可得，因而感到痛苦。有些人從來沒有做過夢，有些人經常做夢卻沒看見摯愛的身影。要是你的摯愛在你的現實和夢境中都缺席，那該有多麼空虛啊。有些人說，睡前想一想親人或看看他們的相簿，就能提升夢見他們的機會。夢境是捉摸不定的。你無法要求夢境把摯愛送到你的面前，還不能出差錯。就算真的夢見對方，你也不能控制內容和長度，也不能強制夢境在睡眠週期中不做夢的時段重現。即便如此，還是會有人設法召喚夢境再現，就好像在人群中努力尋找摯愛的身影。

這類與失落感相關的夢境，雖然真實反映出你的失落經驗，卻很少按照現實的劇本扮演。如果你在摯愛過世前難受了很久，你可能會夢見自己迷失在黑暗密林中，想辦法走到摯愛身邊。如果摯愛因車禍驟逝，你可能會夢見對方還活著和朋友坐在車裡，但仔細一看車子的內裝布料卻是棺材內部襯布。

當人們夢見摯愛通常會感到平靜，有股說不出來的鎮定。有些人發現原來只是夢，一醒來就感到椎心之痛。但是夢境會越來越少出現。在夢尚未消失之前，夢見那位最想見的人讓我們感受到與對方之間的連繫，帶來慰藉和情感上的協助。

如果夢見摯愛有可能代表你們之間有心願未了，所以藉由做夢來完成。

夢境讓我們有機會和對方道別，把事情告一個段落。

夢境使我們通曉，原來生死皆可各自安好。

揮之不去的意念

喬伊絲的好友麥可在三個月前過世了。某天她走在舊金山市場街上時嚇了一跳，有人長得和麥可極度相似，不但髮型、體型很像他，就連走路的方式都那麼類似。

喬伊絲觀察他好一陣子，終於忍不住跟在他後面走。她一面跟蹤，一面想衝上前跟對方打個照面，如果能看到那張令她思念的臉該有多好。但她保持一小段距離，她自知不想跑向前打擾對方，也不想破壞自己美好的幻想——麥可會不會還活著且走在她前面？哪怕這種事發生的機率再小，光憑想像就能安慰她了。最後她總算放棄跟蹤，這段偶遇振奮了她的精神，讓她了解自己經歷了一段視覺上的意念重現。

意念有許多呈現方式，例如你會聽見聲音、看見某些人，你心裡總想著某些字句，甚至會感到似乎有什麼在觸碰自己。你可能無法擺脫來自過去或現在的事件，或是一直希望某事能在未來發生。不管這些揮之不去的感受會讓你感到安慰或煩惱，都屬於失落的一部分，需要你多加關注。

感受失落，就是感受無法輕易消解的濃厚哀愁。難以抹滅的意念，例如在腦海中看見揮之不去的影像，往往來自失落創傷感的一再浮現。這類意念通常由其他人、其他物品引發，或許你希望自己未曾經歷過這些：例如摯愛全身插滿導管的畫面、醫院病房的氣味、他們臉上的痛苦表情。或許你忘不了對方得知罹病時的表情，忘不了臨終的她，忘不了死後的她。

總之，摯愛雖然離去了，畫面卻依然存在。這些難以忘卻的意念通常對你有益，讓你產生動力想盡辦法甩開這些念頭，回到原來的世界。你可以把它們說出來、畫出來。藝術治療讓人將畫面從心裡轉移到畫布上，藉此將意念具象化。不管你看到什麼，想辦法表達出來，將那念頭用話語或寫信的方式外部化。

意念也能轉化成情緒。有兩種代表後悔的句型無情地糾纏著許多人，那就是「真希望當初……」、「要是當初……」。他們會想，真希望當初有更多時間；要是當初動作快一點會怎樣？但你只能等待這些後悔隨著情緒性意念消解，之後再來接受失落。

某些人感受到的意念是空間帶來的感受，是摯愛彷彿還在身邊的感受。這種心頭感受和身體感覺無法用言語解釋，這時只要承認感覺的確存在就好。如果這種存在感讓你心頭不安，或許那代表還有心願未了。例如一名哀傷的母親突然說，感覺有一隻小手來牽她。另一名喪夫的女性在丈夫過世後終於去面試工作，她覺得開門應試時，他在旁邊親暱地推了一把。

突然聽見有人用溫柔的口氣喊你，會讓你在晚上倍感安慰。或許那聲音是在告訴你，「我還在，我還沒離開，我會永遠愛你。」或許那聲音是要向你尋求、接受原諒。

如果以上現象出現，或許代表你總會沒事的。說得更白一些，就是他們希望你好好生活，再度找到幸福，甚至再另外愛上一個人也無所謂。一位女士曾說過，每當她聞到割草的味道，就有股異樣的感受。原來她丈夫過世時，她請鄰居小弟幫她家割草。割草作業雖然結束了，但是誰也無法將揮之不去的青草味從她的世界中抹滅。

需要謹記的是，在摯愛離世後產生以上意念是正常而普遍的，意念包含了內心的哀傷意圖向外傳達的重大訊息，或許意念中包含恐懼，但通常並不危險。在哀傷相關情緒中，此類意念最可能含有重大線索讓人追查。意念也代表未了的心願，在完成後讓人得到莫大的安慰。

四歲的羅比失去了祖父，父親盡量安慰他，不想讓兒子難過。某天吃完晚餐後，父親聽見羅比在房裡自言自語。他去查看，發現兒子站在原地笑。

父親問：「你在幹什麼呀？」

「和爺爺說話呀。」

父親抱了抱兒子。「我也很想他，」他認為兒子在用自己的方式處理失落。「爺爺現在在天堂了。」

「他還沒上天堂，」羅比糾正他。「他剛才還在這裡，他說他非常想念我，他叫我告訴你他很好，癌症都消失了。」

不管這些意念的顯現是真是假，都無礙於哀傷的療癒過程。在你的療癒過程中，能帶給你安慰或指引你方向的，本質上而言都具有價值。

花時間質疑真假，不但搞錯重點，或許也會錯過珍貴的體悟。

角色

我們在人生中扮演許多角色：妻子、丈夫、孩子、家長。我們是納稅人、搞破壞的人，我們是園丁、活動企劃、學生、老師、廚師、維修人員，我們是批評的人、讚美的人、聽祕密的人、一起看電影或旅行的人、幫忙挑衣服的人，諸如此類。

當摯愛離世後，他們從前擔任的角色現在都空出來了。有些角色我們會在有意無意中承接下來，剩下的角色可能會有人主動承擔，或由我們自然而然地交由別人演出，然而總有角色空懸。

麥可和妻子梅莉莎擁有一間小型圖像設計公司。他負責設計，她負責財管、營運、預約。梅莉莎被診斷出罹患胰臟癌時，夫妻倆完全不知道癌細胞會迅速蔓延、奪走她的性命。她過世之後一個月，銀行打電話通知麥可，他的帳戶已經透支，五張支票被退回。

麥可才發現，自從梅莉莎患病以來近三個月他都沒有寄出請款單給客戶，因此也沒人付款，帳戶裡空空如也。這時他崩潰大哭。「癌症來得太快，」他回想過往。「這些她都來不及教我。自從我們開業以來所有事情都由她打理，我不知道該怎麼辦。」

麥可發現他不僅失去了結縭二十二年的妻子，也失去了他世界中的女主角。他試著模仿她的做法卻做不來，自覺一塌糊塗，他知道這不是他的專業。雖然想請人幫忙，卻找不到「合適的人」。而且他總覺得請人接手妻子的角色很不是滋味，感覺十分接近背叛。

但從銀行致電看來，如果麥可還想保住生意，顯然非請人幫忙不可。麥可誰也不想請，他只想要梅莉莎。不過他很清楚，之前由她經手的事情現在非由其他人來做不可。最後他妥協了，他心知自己不想請記帳員來辦公室工作，於是把所有資料帶去附近的會計事務所。這樣一來他就能用較為抽離且在忍受範圍內的方式，重新分配這個重要角色。

我們通常沒意識到旁人在我們生活中扮演多重的角色。例如伊利諾和辛西亞是三十多年來的老朋友，她們在前後兩年相繼喪夫，並且一起度過風風雨雨。

現在她們將近七十歲，過去十年來她們陪伴彼此，並且沒有再婚的打算。後來辛西亞先一步離開人世，讓伊利諾更顯淒涼，感覺上兩人應該永不分離的呀。在老友過世後，伊利諾才發現原來對方在自己的生命中扮演如此豐富的角色。

現在伊利諾只能一個人去看電影，一個人吃晚餐。當洗衣店員問她今年要去哪裡度假，她頓時愣了一下。這不僅是因為辛西亞離開人世，也是因為伊利諾想起來，如果她還活著一定早把旅行規劃好，該買的票券買妥。每年過節辛西亞都會幫她倆安排志工活動，包裝禮物送到中途之家。節日過了大半，伊利諾越發感受到朋友離開帶來的空虛。她怪自己怎麼沒有安排志工活動，甚至連辛西亞之前聯絡的旅行社名稱都不知道。

辛西亞去世的頭一年，伊利諾發現老友生前扮演了朋友、旅伴、觀影夥伴、假日活動籌劃等角色，也提供各種陪伴。伊利諾意識到失去了許多，悲從中來。之後幾年她發現，自己再也不會交到第二個像辛西亞這樣的朋友了，不過她也加入一個大規模教會，填補心中許多空缺。教會裡有不同團體，她每年參加一次旅行以及各式志工活動。到頭來還是沒人像辛西亞那樣，為伊利諾的生命一人分飾多角，她需要一整個教會才能彌補老友離開的遺憾。

摯愛離開後，我們經常不自覺接下他們的角色。例如夏綠蒂是個讀書人，她在學校教課，空閒時間大多花在閱讀上。她的丈夫山姆是單口相聲喜劇演員，具有能在任何場合幽默以對以及逗人大笑的特殊天分。他非常會說笑話，隨時準備好幾個故事來說，每天都讓夏綠蒂笑開懷。當他死於心臟衰竭後，夏綠蒂發現她的世界頓時幽默盡失。

六個月後，她和女兒在中餐館吃飯，夏綠蒂突然開口說：「兩個男人走進一間酒吧……」兩個女兒你看我我看你，吃了一驚。父母結婚五十一年來，她們從沒聽母親講過一個笑話。幽默在夏綠蒂的生活占有極大分量，因此在山姆過世後，她的生命出現一道鴻溝。從前能讓她提振心情的笑話現在沒了，只剩下沉重的心情。她的人生開始失衡，幽默大師這個角色該換誰來演？她沒多想就自己接了下來，化身為自己最想念的那位故人。

當你和臨終之人、他們的家屬促膝長談時，他們通常會說自己的一部分也正在死去。這話固然沒錯，反過來說卻代表死者的一部分將留在他們心中。夏綠蒂和山姆就是如此，現在她還是會說山姆留傳下來的笑話，講得非常精彩。

我們畢生累積了大量知識，雖然這些知識會隨著我們離去而消失大半，卻有一部分會留下。我們總有能讓人學習的地方。曾有個寫作團體在兩年內接連失去兩名成員，其他成員常說那兩位已故夥伴擁有的學識，成為了該團體的一部分，使他們成為更優秀的作家。為了紀念他們，已故成員留下的空缺不再由他人遞補，這樣一來大家會覺得他們尚在人間。

摯愛在我們的生活扮演許多角色，他們死後不但帶走了這些角色，也帶走了他們的招牌風格。或許他生前都扮黑臉而你扮白臉。或許她決定事情很快，而你得慢慢來才能提出評價。不管風格隱約或立體，那些角色都令人懷念。

一位牧師在追思會上向教友說：「摯愛最能牽動你的那一部分，並沒有隨著他們的死而離去。那部分在你的心中，你可以保留一輩子。」

他向教友發出請求。「今天在座的各位，都是死者遺孀的朋友。雖然他最好的一部分依然存在妻子的心裡，但他所扮演的角色、他會做的例行公事卻無人承擔。身為朋友，別只是打電話問她你能幫上什麼忙，直接去做就對了。別以為今天下午去她家拜訪一小時，就覺得自己盡責了。想想接下來這一年你能幫上什麼忙，在她哀傷的時期能扮演什麼角色，這就是你能給她最大的恩情了。」

說故事

摯愛患病，你帶他們上醫院、看病歷、做檢查，做著做著發現了腫瘤，你的世界瞬間變色。

你孤零零一人坐著，回想這段失去對方的故事，然後一遍又一遍地向朋友和家人述說。在事情剛開始發生的時候，每個人都很樂意聽，他們想知道事情經過。你淚眼汪汪地哀傷述說，辦完葬禮之後繼續說。之後朋友來探望你，你聊起故事中讓你難以接受的部分，像是「真的太突然了。」或是「他們說她生病，但我們完全沒料到她病得那麼重。」

隨著時間過去，或許會發現你的故事說不膩，但大家已經聽膩了。或許你沒注意到，每當發現有人沒聽過你的故事，你會很慶幸又找到了新聽眾。

要療癒創傷事件帶來的傷痛，其中一個環節就是說故事。別懷疑，失去親人也是一種災難，發生在你個人世界中的大災難，或許沒有其他事件能夠相比。

在這種情況下，理智想釐清無法理解的部分，心則是比較快就能感到失落之痛。這時你轉動思路，勉強將新取得的經驗整合到身心之中，不過一切發生得太快，理智太難跟上。所以當心痛已經發生了，思考卻還卡在故事的事實和細節中。你不顧心痛重複回想故事，帶自己重返現場。於是理智和心情在此被統合到同一狀態：痛苦的感受，痛苦的回憶。

這時說故事可以幫助分散疼痛，你得經常說故事，而且要說得具體，這是邁向療癒哀傷的一大步。故事一定要說出來，因為哀傷需要曝光才能得到療癒，哀傷在分擔以後就減輕了。支持和輔導團體之所以重要，不僅在於提供你機會和類似境遇的人相處，更是因為讓你有空間說出摧毀你世界的毀滅事件。你必須說故事，才能讓你體會到失落的重量。

你在說故事過程中，化身為偵探搜尋線索，幫助自己拼湊事實真相。你在過程中一步步探索，逐漸產生疑問。你也要聽取內心的想法並且大聲說出來，才能理出頭緒。說故事像在搭建鷹架，暫時撐起你崩塌的世界，你可以透過說故事重新建構個人世界的框架。

你會發現自己說的故事每次都不一樣，改變的未必是內容，而是焦點。說故事讓你有機會獲得新訊息或精闢的回應。聽眾或許能提供你所欠缺的見解，讓你的拼圖完整。

母親死後，布蘭蒂雖然哀傷卻也感到解脫，她很慶幸當初決定替母親掛上呼吸器，讓她呼吸不再痛苦，但之後又面臨是否要用維生系統的決定，而且做下去不能反悔。不巧母親出事前並沒有指示要是她生存機率渺茫的話該怎麼辦。雖然醫生說母親在中風後大腦幾乎沒有反應，布蘭蒂還是難以抉擇。母親躺在加護病房三週，病情毫無進展。布蘭蒂最後有了結論，人為醫療介入只是讓母親靈魂離開的軀體維持生命而已。

她這番心理掙扎說了六個月，家人都聽膩了。他們看到布蘭蒂一直說給別人聽，心裡都希望她能換個話題。某天她和丈夫在購物中心遇到母親十年前的同事，丈夫心裡偷偷期望妻子別提起那件事，或許前同事不想聽。

布蘭蒂精簡說出她的故事，對方說：「我父親將近八十歲時腎衰竭末期臥病在床，生活毫無品質可言。那時候你母親就說：『我希望自己不要變成那樣，靠機器維持生命。』所以她那樣走，我替她高興。」

這就是布蘭蒂想聽的，她總算知道自己做對了，這就是母親想要的。而且她還知道，要是她沒有一直說故事，她就聽不見這句重要關鍵。

許多故事都會說，要是患者提早就醫或許後來結果就會不同；更有許多人誤以為患者提早就醫，旁人就能採取行動讓他活下來，彷彿死亡是一種需要修正的無意義錯誤。其實不只生命需要有意義，死亡也需要。敘說故事可以讓摯愛之死得到更多解讀。所以美洲原住民文化中，說故事被認為是最重要的活動。原民耆老肩負著述說祖先生死的任務，他們說故事讓歷史傳承下去。

在早已不復見的從前，晚輩會圍成一圈聽長輩說故事，故事充滿了許多智慧。但現今社會普遍認為，出事就要「閉嘴、克服情緒、展開人生新篇章」，這種觀念讓人錯失了許多記取教訓的機會，難怪我們這一代人極度渴望敘說自己的故事。

我們的工作是協助臨終者、助人走出傷痛，我們經常收到媒體邀約，希望邀請臨終者或失親家屬分享心得。一開始我們會覺得邀請人家分享心情很不自在，不過其實很少有人會拒絕，人都想要講故事，想要用故事讓生命產生意義，讓別人看見他們的哀傷。很多人看到家屬上電視分享經過會感到驚奇。

現在社會分享失落感的管道越來越少了，人們貶低哀傷和失落的感受。但你總有一天會發現有故事卻不說出來，同樣會耗費非常大的心神。沒精神卻要在朋友面前刻意振作，之後會非常難受。說故事是人類本能，有故事不說才是反常。

一個人無法承受故事裡的大量痛苦，故事說出去就能漸漸分散痛苦的分量。逢人就說也能逐漸分散痛苦。此外你的故事中會帶有寓意。米爾爵每次在家族聚會都要提起她丈夫和父母臨終前的故事，或許會有人覺得她這樣很可怕，但她用故事撐起了丈夫的形象，故事裡總是充滿了關於誠實和善良。

若你承受的失落太大，就需要更大的述說載體。所以才會有人將失親的心路歷程拍成影片、寫書。例如有一名母親的女兒是機師，她死於佛羅里達大沼澤地的墜機事件中。母親為女兒之死寫了一本書，希望獲得出版機會。該書不但解釋事發經過，更抨擊有心人士認為機師的性別就是飛機失事原因，其實真正起因在於貨倉發生爆炸。母親希望外界可以認識她女兒，知道她多麼努力才成為大型航空公司的首位女性專業機師。

有些人將自己的悲痛分享給更多人，例如一名母親的女兒死於厭食症，於是她前往各校園，針對青少年飲食失調演講。還有一對夫妻的孩子在玩捉迷藏時躲進車子後車廂，結果被困住。後來夫妻倆遊說汽車業者，在後車廂裝設可從內部打開廂門的發亮緊急開關。

要是有人反覆說著一樣的故事，其實是故事中有他們不懂的地方，故事一定少了塊拼圖，否則他們也會說膩。你在聽故事時，不要大翻白眼心想，「又開始了」。你可以思考故事前後有哪裡不連貫。你不但要聽還要發問，找出故事哪裡卡住他們，你從哪些其他角度看故事？故事中的醫生怎麼想？要是死者還活著會怎麼說？這些都是很好的問題。要是立場顛倒過來會如何？發問會促成哀傷過程中常被忽略的雙向對話。

譴責

感覺上似乎是你犯了錯，因為你陪在親人身旁，看到事情如何發生。事後諸葛總是容易，你會看見許多事情其實可以採取不同做法。然而一件事的發生背後有眾多因素造成。例如腫瘤的確可以早點發現，但是你會每天都檢查自己有沒有腫瘤嗎？此外，現代醫療系統並不是以預防為傾向。同樣的道理，意外的肇因並非只有一個。

但你卻以為自己在過去做錯了什麼，滿心憂傷困守原地。沒錯，你的親人的確可以提早就醫，他甚至可以每天都去看醫生，但這樣一來他日子還要過嗎？而且就算他跑醫院跑得更加勤快，未必能及時診斷出病徵。他可以吃得更健康，做更多運動，你也可以多鼓勵他、幫助他，甚至強迫他運動。但又如何？

或許你覺得他應該要有所覺察；比起怪罪於你，或許他更應該要被譴責。我要告訴你一件難過的事實：不管你做了多少努力，人總有一天會死，而且死期會比想像中更早到來。很多人都會做年度健康檢查，一個項目都不漏掉，壞事依然發生在他們身上。不管你以為自己有多養生，別忘了素食者也是會死的。跨時代跑步健將吉姆．菲克斯（Jim Fixx）

堪稱健康代表，而他死於心臟病發作。你可以認為做到某些事能延年益壽，但不要以為自己能逃過一死。

理智上明明清楚事情就是發生了，但我們還是會問：「為什麼會發生這麼離譜的事情？」我們認為一定是誰做錯事情，這時你得解開非究責不可的執念，才能找到內心平靜。

某位母親的十四歲女兒失蹤了，她聯絡所有單位，填寫各種表單，把女兒的個人資料刊登在所有她知道的失蹤青少年網站上。她還打電話聯絡地方電視臺，在報上發布新聞。她用盡各種辦法搜尋線索，在女兒平時走動的地點開車來回查看，她開到每個地方都下車發失蹤海報。她一人化身為一支偵察搜救小組，日夜不停歇，不放過任何一處地點，長達整整三週。後來她接獲通知，女兒的屍體被發現在兩個鄰市以外的棄置贓車後車廂中。母親接獲通知的第一個反應是：「天啊，我怎麼沒想到要往那裡找呢？」

壞事總會發生，就像人一定會生病，意外難防，犯罪也是一樣的道理，但我們總想預防上述事件發生。其實人活著必定充滿風險和危險，也只有人類明白就算心裡再害怕，死亡必然發生。

我們的恐懼部分源於媒體大量散播的訊息渲染。此外，當平順生活突然慘遭悲劇蹂躪時，總會傾向找個代罪羔羊。

面對不可控的情況，憂傷的感受是必然的。雖然你很想排斥無法控制的無力感，但是隨著時間過去，你會慢慢調適過來。希望你能發現，就算當時加倍注意，注定發生的結果依然不會改變。就算你盡力，失去的已經失去了，怪罪任何人事物更顯徒勞，因為究責並不能百分之百反映出真正的事發原因。時間慢慢過去，你會平靜下來，想起自己從前盡心陪伴、照顧，盡力扮演朋友和家人的角色。你會知道死亡必然發生，在多數的情況下沒有任何人需要被譴責。

露西和朋友史丹在咖啡店碰面，他離開前說：「如果你遇到喬安，跟她說我在保齡球館。」之後露西告訴喬安這件事，她去球館找史丹。幾小時後露西的電話響起來，原來是喬安在球館外被車撞，當場死亡。露西震驚不已也自責。「要是沒告訴她球館的事，她現在還會活著，都是我的錯。」

露西的自責越來越深，她向諮商師吐露心聲。他說：「哥倫布發現美洲，也是眾多因素互相加乘的結果。那時人們熱衷探索，忙著尋找新航道。就算哥倫布沒發現美洲，其他人也會發現，只能說他的時機剛好。死亡也是一樣，雖然你很難接受，但如果你沒有告訴她球館的事，其他人也會跟她說吧。」

生病也是一樣的道理。當公司要傑夫多接管一個部門，他開始產生輕微頭痛，他以為起因為突然增加的壓力，就拜託妻子桃樂絲幫他買些泰諾止痛藥。服藥後頭痛沒有消解，於是傑夫決定晚上待在家和妻子一起輕鬆度過以排解壓力，結果頭痛越發嚴重。他想過要去就醫，結果換吃布洛芬止痛藥（Motrin）後，頭痛舒緩許多。至此夫妻倆都覺得沒事了。

兩週之後，頭痛再度發作，而且這次更加劇烈，桃樂絲載傑夫去看急診，傑夫很怕自己被診斷出跟母親一樣的偏頭痛，結果卻是無法開刀處理的腦腫瘤。不到幾個月他就過世了，桃樂絲多麼希望自己在一開始就帶傑夫去看醫生，或許事情會有不一樣的發展，或許提早發現腫瘤，就能開刀處理。

她的朋友很擔心她繼續自責，建議她跟傑夫的醫生討論病情，而醫生也樂於跟她會談。桃樂絲說了自己的擔憂和自責，他溫和地說：「我知道你會覺得這是你的錯，但腫瘤成長得很快，當傑夫開始頭痛的時候，腫瘤已經很大了。第一次頭痛就來看醫生，結果還是不會變。我很遺憾，但請你不要自責，也不要怪他。」

其他情況不像上述病例容易釐清，我們只能模糊知道有哪些影響因素，然後一直想著要是當初做出別的選擇該有多好。然而你該如何做出正確決定？通常罹癌者可以考慮很多種療法，選擇越多，越可能事後究責。不管你做出什麼選擇，不管每一個選項考慮多久，不管專家說了什麼，你還是會想，「啊，要是當初做了另一個選擇多好？」

請你務必了解，大多時候悲劇發生就是發生了，那不是任何人的錯，沒有人明白為什麼這個人會死但另一個人活了下來。堅持尋找答案會讓你自責、內疚，形成「倖存者內疚心理」，可是這種心理毫無邏輯。

在二次世界大戰後，倖存者內疚的概念始獲得廣大關注。集中營生還者納悶，「為什麼死的是他們而不是我？」背後心態源於他們目睹災難或僥倖生還。奧克拉荷馬市爆炸、九一一事件、車禍，甚至愛滋等流行病倖存者都有類似心態。就算摯愛死於自然因素，你也會有倖存者心態。雖然類似心態的形成原因並不難懂，不過為什麼偏偏是某人活下來，永遠沒有答案。

某些情況人類無法控制，以為自己有能力控制則是傲慢的呈現。誰生誰死輪不到我們發問，得交由神或宇宙來決定。儘管生死沒有答案，卻有原因：倖存者能逃過一劫是生命被刻意延續。

真正的問題由此萌生：如果你僥倖活命，你感受到了生命的滋味嗎？如果你不曾因為失去他人的生命而哀傷，要如何完整體會活著？

譴責可以讓你分散注意力，不再想著失落之痛。一直去想「為什麼」、「要是當初」比較容易，不用面對摯愛已經永遠離開的事實。你當然可以自我剖析，但你再剖也無法改變已經發生的事實。除非是顯而易見的疏失或是手段凶殘的犯罪，否則其實沒人可怪罪。

我們對自己的健康要負起責任，這並不表示生病時可以怪罪自己。

憎恨

某天深夜，貝爾森家中的電話響了起來。女主人凱特接起電話，應答時完全不流露任何情緒。她要對方在線上稍等，然後提高嗓門問她丈夫比爾：「你父親快過世了，我該怎麼回話？」

比爾說：「跟他們說葬禮時間確定了再告訴我。」

乍看之下這樣回覆顯得非常無情，但是凱特知道這番回應再恰當不過，因為比爾的生父在兒子六歲時離家跟其他女性一起生活。他和新任妻子搬到遠方。「從頭來過，過著責任更少更輕鬆的生活。」比爾和他的手足在缺少父親的狀態下長大，而父親毫不掩飾他的冷漠，他從不送聖誕禮物，也不在生日時送上祝福。比爾看著母親當接待員，賣力工作維持家中生計。在成長過程中，比爾比母親更恨父親。

講完電話之後，凱特只有一個問題：「我知道你不想見他最後一面，但你為何還想出席葬禮？」比爾也不知道為什麼，他說：「可能是想要跟他道別，做個了結吧？」

親人離去本來就很容易令人感到矛盾，如果父母總使你產生複雜的情緒，狀況尤其如此。這份失落之所以難以處理、調適，原因在於你討厭的對象令你無從了解。

例如前述的比爾就是一例。另外也有一名女性表示：「我母親對我非常惡劣，宛如暴君再世。她死了我為何要在乎？」

瑪麗．雪萊的著名小說《科學怪人》的電影改編中，法蘭康斯坦醫生賦予怪物生命，卻不在乎怪物生活如何，也不在乎他是否幸福，導致怪物一生注定飽受折磨摧殘。在電影最後醫生被殺，怪物流淚，有人問他為何要為這名害他吃苦的男子哭泣，怪物的答案非常簡單，「因為那是我父親」。

關心我們的人死去，我們會替他們哀悼，但是不夠關愛我們的人死去，同樣令人哀傷。我們一再看到，被毆打成重傷的孩子在醫院裡等著見母親卻見不到，她早因傷害罪而入獄。就算某些人對你非常糟，你還是能替他們哀悼。如果你有這個需求，不要壓抑。我們一定要花時間哀悼、感受自己失去了什麼。就算你認為死者不值得你愛，也不能否定你的失落沒有意義。

死者離去後，恨意未必隨之消散，可能會變成我們未完成功課的一部分。恨意源自過去從未處理或是無法處理的憤怒，可以被刻意引發，或是像下列的東尼那樣發作。

當東尼的妻子卡羅發現孩子不聽父親的話，她就會發怒，她對東尼說：「他們一定要聽你的話，要是以後我不在了怎麼辦？他們非得聽話不可。」

一年之後卡羅出車禍走了，東尼想起她的話，心裡恨得要命。他知道妻子出車禍是意外，但他難免揣測，該不會妻子早有預感卻不跟他說吧？他恨她一語成讖，恨他現在得一人帶大兩個孩子。他在支持團體活動中說：「我愛她，想念她，我也恨她竟然死了。」

雖然理智上知道對方並非故意走上死路，但說歸說，情緒上未必能夠接受呢。

其他失落經驗

哀傷不僅限於一人的離去。或許你現在因為失去摯愛而難過，但哀傷令你想起這一生遭遇過的所有失去，包括過去和現在。先走一步的人帶給你過去的失落經驗；而你現在得費力調適才能填補摯愛離去之後的巨大空洞，這是現在的失落經驗。

這時我們不免想起幼時失去的父親或母親，想起因車禍離世的高中同學，想起其他早早離開的人，從前未曾多加留意的哀傷或許會在這時湧上心頭。沒有得到充分理解的哀傷都儲存在我們的身心還有靈魂之中。每當再次體會到失落，過去的情感便傾洩而出。

吉莉安二十一歲時，丈夫陶德被軍隊派駐越南。當時兩人情感正烈，婚後才一年他們就展開海外軍旅生涯，她和其他海外軍眷作伴。當時她們正年輕，沉浸在新婚幸福中，期盼這段時間帶來全新體驗和旅程，孰料陶德卻因公殉職。轉眼間吉莉安回到家鄉，彷彿丈夫和隨軍生涯只是她做過的一場夢。

吉莉安很快找到工作，並且因為升職搬到其他地方，後來認識了同事吉姆與他再婚。她和吉姆生活了三十五年，生活被孩子、孫子以及朋友的活動填滿，結果吉姆因車禍過世。吉莉安震驚心痛不已，這不僅是為了年僅六十三便過世的吉姆，也是為了在她二十三歲時便離世的陶德。這是她首度深入心中的倉庫整理她對陶德的哀悼。替吉姆哀傷之餘，心裡還埋藏著第一任丈夫之死帶來的哀傷。她以為那是一段塵封往事，其實不然。

這樣的經驗並不代表她愛誰比較深，而是她有兩次深沉的失落經驗，一次來自現在，另一次來自未曾多加關照的過去。她對諮商師說，雖然她很想為了吉姆好好痛哭一場，卻無能為力，因為她也為陶德難過。諮商師了解她的心情，建議她先專注於吉姆的事情，把心力放在葬禮準備工作上。吉莉安承諾，要是再想起陶德就對自己說：「陶德，我會找時間紀念你，我還記得你，但現在我得先忙吉姆的事。」

葬禮結束以後，吉莉安決定帶著所有的老照片，前往陶德以前的駐紮地點密西西比州比洛克西（Biloxi）住上一週。她回到夫妻倆從前的老家，一張張翻看相片，把儲藏在體內四十年的眼淚哭到一滴不剩。

等她回到家，她已經充分感受到兩任丈夫的離去在她心中的分量，從而體會到自己去愛的能力有多大。往後她能替他們好好哀悼了。她早該為早逝的陶德哭泣，當被擱置多年的眼淚傾洩而出，吉莉安感覺輕鬆不少，始能全心為吉姆之死哀悼，且陪伴家人度過這一關。

過去的失落之所以延後浮現，是因為隨著年紀增加、感受變深後，處理舊傷的技巧增加了，你更能體會失落經驗中的層層感受。你可能和吉莉安不同，你在傷痛一出現就全盤接受，但會隨著成長發現有更多需要哀悼的，幸好也因為年歲增長，增添更多智慧來處理。

比爾和羅德尼是一對兄弟，相差不到兩歲。比爾二十一歲時聽到弟弟羅德尼抱怨肚子痛。他就醫後得到潰瘍藥服用，結果當晚就因為闌尾破裂而死。

羅德尼走後比爾悵然若失，接下來幾年渾渾噩噩。他還是能像正常人一般生活，心裡卻總是惦記著弟弟。十年後他結婚有了自己的家庭，生命變得更加完整，有更深的體悟，卻對弟弟之死產生另一種心痛。他很難過弟弟年紀輕輕就過世，錯過了許多人生體驗。羅德尼不會結婚，也不會有孩子。這時比爾的朋友已經四十幾歲，開始產生中年危機，比爾看起來好像也被類似情結困擾，事實上他只是再度想起失去弟弟的悲痛。

等到孩子進入青春期，比爾再度驚覺弟弟過世時有多麼年輕。他和妻子說：「我越來越了解失去他是怎麼一回事，當我想到羅德尼錯過了這一切，我越想哭得越凶。我總是跟別人說，我會一直想起他離開的事情，其他人卻不了解，他們只想知道為什麼我走不出來。我要怎麼解釋才能讓他們知道，哀傷不會有結束的一天？失去一個人之後，心境非但不會停滯，反而會一直變化，就像人會成長那樣。」

事實上，過去的傷痛再度浮現有其重大意義：當傷痛再度襲來，我們會發現之前沒注意到的新方法療癒自己。反芻舊傷的過程是一種練習，你整合自己，變得更加完整。

另外一種失去，是失去了過去的自己。你再也不會是失去親人之前的自己。現在你才知道，失去過去的自己多麼悲哀，你怎樣也想不到原來情況可以如此糟糕。無論如何安慰你，你都無法接受，你覺得現在的自己經歷了不可逆的改變，你的心被壓碎，無法修復。雖然你的情緒會過去，不過你永遠無法變回過去的自己了。

你有別於過去，不但已經變了一個人，連看世界的方式也從此改觀。失去純真該是多麼淒慘，換來的只剩哀傷且脆弱的心情。你意識到這世界就是會發生壞事，而且還被你碰上了。

其他類型的失去還有很多，例如你和朋友全是已婚人士，但在你失去另一半之後，落單的你很煞風景。朋友還是會邀你參加聚會，你也努力參與，但多數人都說最後他們還是失去了朋友，畢竟總不能要已婚人士天天陪你吃晚餐談心吧？不管後來是你或他們開始疏遠，都是失去了一份友誼。

如果你失去另一半，你會在對方的社交圈裡失去你的位置。例如你是商務人士，而妻子是戲劇老師。沒有她，你沒有機會參加開幕之夜，也不會認識演員、導演、劇作家。你在妻子的交際圈占有一席之地，要是她離開人世，你會和她的同事意思意思吃幾頓飯，一起哀悼她的離去。或許你還是會受邀觀看演出，但性質已經變了。如果沒有妻子，你無法融入那個世界。

從前你們一起做的事情，現在可能無法做了。從前你們總在週日晚上去你最喜歡的餐廳，現在去不成。找朋友陪你去或自己去吃，感覺不太對勁。或許你以前會和另一半一起打高爾夫或保齡球，無論你倆從前喜歡什麼運動，現在可能做不了，或是只能單獨進行，滋味和從前完全不同。

有些人會因為失親而失去經濟後盾，得尋找其他謀生方式以及收入來源，這是一種經濟上的損失。有些人甚至必須賣房，這是更大的損失，讓他們的狀況雪上加霜。

除了表面上的損失，你的內心也缺失了共鳴的頻率。摯愛在生前陪你做大小事，聽你說話，與你共度人生。她的耳朵聽見了你所有事情，眼睛見證了你的人生際遇。你跟她說事情，不用交代前因後果，你和最愛的人共同分享毫無間斷的完整時光。摯愛了解你的過去，可以和你討論交友、討論工作，還幫你做決策。

心痛如絞的你必須大幅度調整，才能適應眼前滿目瘡痍的世界。沒有人可以代替你，幫忙審視你失去了什麼。這份工作只能由你來做，只有你才知道自己失去了什麼。

有件事或許會讓你略感安慰：總有一天，你會發現新事物、新方法，甚至認識新人共度時光。你會發現，原來你的內心世界和外界還存在著從未發覺的領域，等待探索。

但是在那之前，你得全心感受哀傷，覺察摯愛離去後形成的殘缺，以及隨之而來的其他失落。

人生觀

許多有意無意形成的人生觀被摧毀，也算是哀傷的一種。

很多人都有一些常見的觀念：例如每個人都該享有幸福童年，就算童年不好過，我們也會撐過去，並且因此變得更強大，然後還會遇見適合的人並且結婚、找工作，雖然並不一定能做到世界頂尖的工作，婚姻未必堪稱完美，但應該還是會愛孩子吧？最重要的是我們希望能對一切感到滿意。最後當我們邁向老年，就會和家人齊聚一堂，我們看照片互訴愛意，然後在那天晚上於睡夢中安詳離世。

這些觀念是我們的願望，但也是幻想。我們覺得人生理應如此，但如果有人四十歲就罹癌，又算什麼？摯愛死於車禍、孩子早逝又算什麼？事情不該如此吧？你大可認為生命不該完美，卻很少有人認為生命可以早早結束。疾病、地震、意外以及飛機撞進大廈這種事件都不應該發生。要是真的遇到了，除了要為死去的摯愛而哀悼，也要哀悼人生順遂的信念一去不復返。

信念是如何形成的？四歲的孩子問父親：「爸爸，人為什麼會死呢？」最合適的答案通常是「因為身體老了，不能用了啊。」

這答案對於四歲的孩子而言已經夠了，其實你還可以說：「孩子啊，這個世界太亂了，什麼都有可能會發生。像現在我跟你講話的同時，癌細胞可能正從我或你的身體長出來呢。今天有可能是我的最後一天，或是你的最後一天。」

沒有人想要這樣和孩子說話，但是孩子會長大，需要更新生死觀，否則會一直誤以為人生不會出什麼大事。要是長大成人後依然帶著孩提時代的觀念，會喪失現實感，難以面對真實人生。礦物表面需要用滾筒式機器抛光，人則需要歷練才能顯露智慧的結晶。

失去摯愛以後，除了要哀悼他們的離去，也要審視那些崩壞的信念和假設。

你必須逐條檢視自己的人生信念，有時這是最先展開的反省，因為要是一直想著「事情不該是這樣」，就無法領會自己失去了什麼。壞事發生時人們會露出震驚又麻木的表情，因為理智上我們知道這種事會發生，但應該發生在別人身上，不可以在我們身上，更不可以發生在我們以為安全的世界裡。

要是我們所認知的生活出了差錯，總會想找理由解釋，讓自己心安一些。例如要是看到空難事件，有人會說：「現代人太常坐飛機了，要是大家出遠門不坐飛機，就不會掉一次飛機死那麼多人。」

事實上，雪崩、地震、龍捲風等天然災害也會一口氣帶走許多人。然而一次性的大量死傷在現今觀念看來一點也不自然。

我們認為孩子都該健健康康不生病，孩子夭折違反自然法則，但是這種想法不能反映現實狀況。回首一百年前，新生兒死亡率非常高，孩子的死是生命中的一部分。如果你有七個孩子，你會知道並非七個都能存活下來，這就是現實。

現在我們還堅信，進步的醫學必能治療所有擾人的疾病。以亞倫的例子來說，他是家中的老么，上面還有五個哥哥，兄弟中他身體最健康。當哥哥們紛紛邁入三十大關後，只有他體格最好，吃得最健康，他總跟大家嘮叨要向他看齊，但其他兄弟對運動沒興趣，也不在乎健康，然而他們還是很佩服亞倫如此養生。

所以亞倫在三十一歲被診斷出罹患末期結腸癌時，他該有多麼震驚、崩潰。他死後身邊所有人無法理解健康的他竟會發生這種事。六兄弟中只有他一人注重健康，結果他卻病死了。

他們很難過，一直以來堅信的運動就會長壽的觀念被徹底粉碎。大家很容易接受運動養生的信念，但是運動員不也會死嗎？他們也會心臟病發作。因此會有人疑惑，為什麼還要費盡心思保持健康呢？其實健康的生活方式可以延緩某些症狀發生或是不讓狀況惡化。不過深陷哀傷時，很難相信養生有助於遠離死亡陰影。

在哀傷過程中，你也要花時間哀悼原本可能擁有的人生。你需要正視失落，對自己說：「這件事不是發生在別人身上，而是我身上。」花時間好好思考，「為什麼是我」這個問題，有些人用反問回答自己：「為何不能是我？為什麼生命該放過我，不讓我面對各種損失？」

你的信念就和靈魂一樣，需要療癒和統合，也必須從底部重建全新價值觀系統。新系統能包容現實的殘酷，也對往後人生懷有希望及安全感。新系統會隨著生命的展開和失去，最終呈現出專屬於自己的美，待人發現。

想像一片死氣沉沉的林地，其中卻有一株幼苗從枯枝中探出頭來。療癒哀傷的過程，就是從死亡移動到生命的過程，你得去看見那場發生過的悲劇。

孤立

你身邊一個人也沒有，無形中升起一堵牆，把你和世界阻隔開來。

孤立並非你和周圍環境或人際關係斷開連結。你儘管被親朋好友包圍，還是可以感受到宛如置身沙漠般的迷惘。這場沙漠風暴沒有對外開放的出口，可以帶你突破風暴的人已經永遠離開了，因此你覺得自己將會永遠迷失。

朋友擔心你自我封閉，和外界失去連繫。事實上要是你封閉超過一段時間會讓他們緊張，你有可能需要協助。然而在失去摯愛之後，自我封閉不但正常且合理，也是健康的象徵。就算朋友一直鼓勵你把事情說出來（當然他們是一番好意），你卻想不到該說什麼。有時候身邊的人急著要你走出來，與其說是出自關心，不如說是他們看到你這樣，心裡感到害怕、不自在。

請問，難道他們真的不懂你之所以自我封閉是因為失去摯愛？他們不懂孤立狀態必然伴隨的大悲無言嗎？你進入了詭異、寂寞、散發敵意的新世界，你在這裡只是一座哀傷的孤島。不管其他人對你有什麼期望，總之，離開這個世界的出口目前還沒出現。

莉莉的丈夫和兩個孩子被趕著上課的未成年人開車撞死，之後她將自己緊緊封閉，密密實實，過了好幾個月依然未曾開放。一群立意良善的朋友決定介入，週二晚上，他們出現在她家門外。莉莉來應門時沒有情緒，卻也不顯得意外。朋友表達關切，她說：「我現在的狀態，你們是怎樣也不會了解的。現在你們看到的，只是我內心世界的一個角落，儘管封閉，至少我的內外在是同步的。你們不想看見我內外世界失衡吧？」

「或許去外面走走參加活動對你有幫助。」她的好友建議。「你不想試試看嗎？」

莉莉眼神渙散地說：「你去吧，我現在這樣就好。謝謝你關心我，我不期待誰能了解我現在的處境，只能說我知道以後一定會好起來，但不是現在。」

對莉莉而言，掌握孤立的心境有助於她度過傷痛，孤立讓她的內外在協調。她本能上清楚這點，也知道回歸外界言之過早，而且她還知道自己總有一天會做到。

摯愛離世後，你會達到兩種孤立狀態：象徵意義上，以及實際上的。從前你總是跟著另一人行動，現在你只剩下一人。你以前做事會考慮到兩個人，規劃食譜也是兩人份。這個另一人或許是你的手足、愛人，或是跟你經歷過多采多姿大冒險的好友。所以你怎麼可能不感到孤立無依？

在哀傷的路上，孤立是重要的休息站，也僅是路上的一站。要是卡在這一段太久，將會大幅推遲療癒的進度。過度孤立越久，會讓你的世界越來越緊迫，最後使你真正癱瘓。

在孤立階段，最棘手的是缺乏表達的管道來宣洩。要宣洩其他情緒，例如憤怒，你可以對人發脾氣、大聲吼叫；如果心裡難過可以哭泣，但是孤立卻像是一間沒有門窗的房間，孤立是一處毫無出口的空間，被困越久，心裡的痛苦和哀傷越難對他人訴說，妨礙推動你邁向下一個階段。在孤立時期，希望會消失，絕望掌控了這個空間，你放眼望去，只看到隱形的牆包圍自己，毫無生機可言。

有些人發現逐步推動自己走向外界能有效破解孤立，有一名個案女性說她強迫自己和朋友吃了四頓午餐，前四次感覺糟糕透頂，吃到第五次她發現自己聽到笑話後笑了。她突然發現雖然前幾段並不如意，但第五次午餐滋味很好。要是無法推動自己接觸外界，參加哀悼團體有助於消解孤立，參加時你能保有隱私和個人空間，同時得到機會，在安全的可控範圍內取得連結。

隨著時間過去，你會找到一座橋帶你回到外界，很多人認為和有同樣經驗的人聊聊是個不錯的方法，因此我們鼓勵參加哀悼團體。當你感到孤立，身旁坐了一個具有同樣感受的人，孤立感便消解了幾分。或許你們兩個之間的相知相惜能稍微取代孤立感。

比利在母親臨終之前感覺自己被孤立。身邊所有人都有他們的哀傷要處理，他們以為十歲的比利還不懂什麼是哀傷。當然這種想法並不正確。無論幾歲，只要懂得愛就懂得哀傷，只不過孩童哀傷的方式和成人不同。在比利母親住院期間，比利總是坐在樓梯口讓自己平靜下來，只不過社工看了很擔心。

母親還沒過世，所以比利還不能參加哀悼團體。某天，丈夫住在加護病房的女子經過了樓梯旁的比利。她不想打擾他的孤寂，跟男孩打了聲招呼之後離開。同天稍晚，內心同樣哀傷難耐的她走到比利身旁坐下，問道：「我也可以坐在這裡靜靜嗎？」

比利點頭。接下來幾天他們一起坐在樓梯口，其他人不會過來。他們偶爾聊些母親和丈夫的事，但是大多時候什麼也不說。比利和女子的家人都覺得，這兩個人在封閉內心，事實上他倆的確是，但孤立是他們能力範圍內最具療癒效果的行為，而兩人的封閉恰好連結了彼此。事實上他們之間因悲劇和寂寞所萌生的情誼，後來變成了橫跨二十年的友誼。

這名有智慧的女子明白，孩子表現哀傷的方式和成人不同，孩子不被允許說出哀傷，又或者他們沒有足夠的詞彙敘說。至於成人則是在情緒表達方面有困難。不管你為了生存或排遣悲懷而採取什麼行動，與其勉強自己跟不懂的人相處而受傷，獨處通常更安全。

以比利的狀況而言，孤立自己未必會造成妨礙，反而是必要的中繼點。

如果你準備好走出孤立，以下有幾點建議：你可以打電話給朋友尋求建議或陪伴，以及從事繪畫、園藝、散步等活動，大自然總能療癒靈魂。你可以參加哀悼團體，如果你還沒準備好要跟團體互動，也可以個人諮商。如果想再往外踏一步，可以參加課程或團體活動，然後坐在最後一排觀察自己的心情。當然一開始你會不自在，但總會出現可以引起你興趣的事情。

孤立是哀傷的一部分，或許能成為帶你回到現實的轉捩點。不過說到底，孤立只是一個黑漆漆的空間，而非永遠留下的地方。

祕密

是人都有祕密，有些祕密茲事體大，有些祕密不足為道。祕密不管大小，都是我們的一部分，都是我們不願公開的訊息。

在摯愛離去之後發現對方的兩三個小祕密並不足為奇，我們難以接受的是祕密代表他們有隱藏的一面不想讓我們知道。發現摯愛有賭癮或出軌一定很難受。祕密被揭發，曝光的不只是訊息，而是一大堆問題。親友不願說出的祕密，可能發生在我們相遇或出生之前。總之，並不是所有人都會把自己的一舉一動通通分享出來，這就是人生。

當祕密見光時會造成劇烈衝擊，有時候你得花時間將這份震驚的心情從哀傷中分離出來各別處理。有時候你要處理兩種哀傷：第一是失去摯愛，第二則是你聽到祕密後的反應，你的反應也是哀傷的一部分。祕密曝光後帶來的憤怒、憎恨、背叛、迷惑等感受都要分開來感受。

並非所有祕密都是負面的，有時候死者親屬會意外發現，原以為很熟悉的人，竟然還有不為人知的嗜好或愛好。這個祕密雖然經常是正面的，但也讓人困惑，為何自己竟然不知情。其實我們自以為了解彼此，或者以為「該」了解彼此，都只是一種幻覺。

如果你有事情不想說想保密（例如某人真正的死因是自殺），可能會妨礙你撫平失落的心。當別人聽到你的說辭，你從他們口中聽到的不是關心，而是你親口說出的謊話，你編織的祕密，因而使你更難走向療癒。

人們在世時有祕密，離世後、哀傷時祕密依然存在。有些人認為哀悼時流露情感代表懦弱，他們誤以為釋放哀傷等於無法處理傷痛。但是，該哀傷的人若不哀傷反而隱藏心情，就是在創造祕密。太多人隱藏自己的情緒，把哀傷當成祕密藏起來，彷彿什麼也沒發生過的模樣。我們會察覺他們的異樣，提出疑問：「為什麼他們看起來像是沒事人似的？」

然而有些時候出於某些原因，我們有必要將哀傷當成祕密。例如有一名葬儀社負責人說，有時候他們接到電話，對方可能是死者的前妻、外遇對象、私生子，或任何不受家族歡迎的人，這時必須為這些葬禮上的不速之客特別設立時段。

喬伊絲很年輕就結婚，後來雙方同意離婚，她和前夫各自再婚創立家庭。她說：「我一直都愛他，他可是我的初戀，我的第一任丈夫呀。可是我從來沒勇氣告訴他我的愛，因為我不想傷害我和他的家庭，總之他是明白的。

「他過世的時候，我想去他靈前致意，但我想身為前妻，對他的家人而言我還是得低調。同時我想要好好釋放自己最深沉的哀傷，不想要有半點保留。所以我打電話給葬儀社負責人，和他說了我的困擾。他幫我安排一個特殊時段讓我致意。」

考量到諸多理由和場合，有時候我們會覺得不該表現哀傷。這裡不討論隱藏哀傷情緒是否合理或必要，我們要說的是：把哀傷當成祕密藏起來，會讓它更難處理。

有人會因為無法接受死者的真正死因，因此隱而不揚，例如兒子死於愛滋病，卻對外說是癌症。這種行為的理由和時機，往往會讓身邊的人感到困惑。或許他們這麼做是因為歧視，也可能不是。例如曾有一名老太太死於胰臟癌，兒子卻希望對外說是肺炎，總之他認為死於肺炎可接受，胰臟癌不能。如果死者死於阿茲海默症也會出現類似狀況。或許這些家屬認為致病原因說出來令人尷尬，但那不代表我們該為罹患此病的死者感到羞恥。

喬許五十五歲時因為重大經濟問題，選擇自我了斷，但妻子卻對外聲稱他死於心臟病發作。畢竟「生命多采多姿卻驟逝」比自殺好聽許多。但她這麼做要付出什麼代價？親友好言安慰她，「至少他走得很快，沒有痛苦。」讓她更難面對傷痛。

不能說出「其實丈夫走得很痛苦」，平添未亡人心中之痛。心中沒有祕密的時候失去親人已經夠痛苦了。要是你無法和眾人坦白說出死因，至少要找到一兩個人可以接納你的傷痛。

人死了，他們的祕密往往還活著。好好先生馬歇爾的妻子辛西亞是家庭主婦，她有孩子、孫子，四十年來婚姻美滿。辛西亞過世後家人整理箱子，發現她在大學時得到許多演講與報導獎項，甚至贏得州際演講大賽。馬歇爾在震驚之餘，發現妻子原來如此才華洋溢，卻從來不曾提起。

他只能不斷猜想，為什麼她有天分卻選擇埋沒自己？會不會是他在婚姻中沒塑造出合適的氛圍，讓她無法表達？這些問題永遠無法解答了，但願辛西亞和他在一起的時候是快樂的，但願她滿意自己選擇的身分，不曾後悔自己沒追求可達成的夢想。馬歇爾知道自己很想更了解她。他在哀傷之餘苦思她留下的祕密以及一道問題：「是她不說，還是他沒問呢？」

然而一個祕密終究不足以改變死者在你心中的印象。儘管鑽石的每一面都真實存在，但每一個切面都有不同角度，所以別讓摯愛的某些部分扭曲了你對他的珍貴回憶。你所認識的部分是真的，你所不知的部分大概也是真的吧。如果祕密是負面的，請設法體會他們就和你一樣只是個普通人。如果想原諒他們，就原諒吧，接受那些你有所不知的一面。因為死亡不但會打破隱私的領域，也剝奪了死者解釋的機會。

還有一件事或許很難懂，那就是死者有祕密不說通常不是因為你，而是因為他們想要維持他們的自我完整，或是因為他們不喜歡某部分的過往。也許他們認為保密會帶給他們樂趣。或許你會認為要是有機會聽到祕密，你能諒解，所以你很氣他們不給你機會。其實你會生氣合情合理。死亡剝奪了許多機會，包括有意彌補的機會。

或許摯愛從沒打算要跟你說這些祕密。而且仔細想想，你應該也沒有公開自己所有祕密吧。

換個角度想想，要是今天死掉的是你，愛你的人會發現什麼祕密？

許多人換位思考以後，便能同情死者的心情了。

懲罰

你犯下什麼大錯，才會受到如此殘酷的懲罰？摯愛做了什麼，才會得到報應，病故身亡？沒有，他們什麼也沒做。但我們還是覺得自己被懲罰了。「如果我更善良，或許這些事情就不會發生了。」或許你會這樣想，或許你能接受自己不完美，但還是會想，「就算不完美要受罰好了，這未免太不符合比例原則了。」事情不是這樣運作的。「好人一生平安」是一個常見迷思，人生有生、有死、有痛苦。能愛是何其有幸，但是愛也代表必然的失去。

有些人受到宗教影響，認為神會懲罰世人，認為凡人都要為行為付出代價。然而身為諮商人員，我們不相信失親是一種懲罰。一旦失親，你可能會想起自己過去犯下的大小錯誤，然後覺得眼前遭遇就是懲罰，但是慈愛的神並不會因為你做了什麼就讓你受苦。生命固然被死亡的陰影籠罩，但神不會用懲罰來愛你、關心你。

上述的懲罰感受或許追溯到童年，不難聽到有些人說：「我覺得自己被懲罰，但我想不起來到底做了什麼需要被如此嚴厲責罰。」

羅勃很高興脊椎附近的腫瘤順利切除，現在他體內沒有癌細胞了。他說罹癌是一份生命的禮物。走過生命難關的人經常如此宣布，不過其他癌症病患並不如此認為，他們還說要是收到癌症這種禮物會馬上退貨。不過羅勃所說的禮物指的是他面對死亡得到的體悟。他說以前會覺得自己被命運捉弄，但現在心態完全變了。他開始閱讀療癒疾病的書籍，他在文章中看到負面想法（或是缺少正面想法）會影響自己，導致病由心生。他研究抗癌食療，早上禱告，晚上冥想，還回去教會參加活動。

癥結在於，他做這些事情並不是為了愛自己或對社區有使命感，他只是不想被神懲罰。他和神討價還價：「神啊，如果以上事情我都做到，祢可以讓癌症不要復發嗎？」

羅勃十分篤定他的苦心可讓癌症完全遠離，結果一年後又在腹部發現腫瘤。他感到徹底被打敗，彷彿被狠狠教訓了一頓。「我哪裡做不好？」化療開始後他不斷自問：「我以為我好了結果又復發，難道有什麼教訓我還沒學到嗎？我為什麼再度受懲？」

人生旅途中有許多病魔關卡，人們經常會說自己「戰勝」病魔，抗戰「勝利」。但既然凡人注定一死，那麼上述言論代表病死的人是輸家，而疾病永遠勝利嘍？有些人相信要是自己靈性涵養到一定程度就能痊癒，但這樣依然脫離不了前述的「討價還價」階段，一點也不靈性！靈性不是一帖治病良方，而是人類與自我、與靈魂、與生命的重新連結，是面對死亡也能維持的連結。靈性是尋求平靜的管道，或許羅勃在面對疾病時，只需要接受自己的狀況。或許他什麼都做對了，事情只是按照它們的進度展開而已。

尋求內在平靜、原諒自己、原諒他人、設法冷靜都對身體有益，但是靈性未必能帶來身體的療癒。反過來說身體生病不代表你的靈性出了狀況。真正的靈修和自責或怪罪無關，而是深入你心中最純粹的部分，與愛連結、與神連結（若你有信仰）以及超越肉體、健康、疾病的部分。靈修攸關身心靈而非治療。

或許你在小時候被父母教養方式影響，他們在你犯錯時懲罰你，但是他們的懲罰帶來的痛，和你現在感受到的哀傷不一樣。現在的你和小時候不同。哀傷讓我們有機會重新定義自己認定的神，審視祂的特質。你覺得神愛懲罰人嗎？祂會因為凡人必經的遭遇、因為凡人難免的錯誤而殘酷懲罰我們嗎？

現代文化總認為，慈愛善良的神會賜給凡人一個生死任選的世界。不用面對哀傷的時候，我們當然會發現這想法不實際，但生活難過時難免認為神真是殘酷，用死亡來懲罰世人。事實上，神賜給我們的是包含死亡的生命循環，神用黑夜襯托白日，黑闇對照光明，以死亡創造生命，我們居住在兩極和合的世界。你可以對神生氣，藉此重新審視你和神的關係，你可以盡你所能讓神和你都跳脫懲罰者與受懲者的形象。

話雖如此，請不要否認自己有受懲的感受。如果你失去了孩子，怎麼可能不這麼認為？就算有家長能在失去孩子後非但不自責反而找到某種意義，那也是多年以後的事情了。有時候受懲感讓你覺得跟離開的親人有所連繫，但你能用其他更合適的方式記得對方。

回首人類歷史，死亡對人類而言始終帶來相當大的衝擊，或許它的力道在往後也不會削減半分。你大可說死亡只是生命旅程的一個節點，靈魂可以永生，但面對死亡，你永遠都會感覺痛苦、被剝奪。可能是因為以人類有限的生命經驗，無法完全領會「人間壽命終結」是怎麼一回事吧。如果壽命非得終結不可，那麼這個終結總會被當成是他人或外力懷著惡意蓄意破壞，所以死亡才會被當作惡意的、令人恐懼的，帶有懲罰、報應的意味。既然人總是出自本能將死亡當作懲罰，那麼把摯愛死去當作是對自己的一種報復，這種想法也是能理解的。

人的潛意識無法分辨感覺和行為，所以你對某人懷有怒氣，對潛意識來說無異於你想殺死或除去對方。要是孩子希望母親離他遠一點、不要來煩他，結果母親真的死了，孩子一定會受到極大創傷。就算想法的浮現與母親死亡這兩個事件可能在時間上間隔許久，孩子還是有可能將母親之死部分或全部歸咎於自己。他在潛意識會認為「是我殺了她」。他可能會覺得對母親發脾氣，就得對她的死負責。

人一定會犯錯，做一些見不得人的事情。有時候摯愛離去我們會覺得罪有應得：都是因為我們不夠愛，才會受到懲罰。有些人會將內疚導向正面行為。雖然你首先要做的是導正受懲感，但情緒不該被否認。有些人需要付出行動贖罪，抵銷他們的受懲感。如果最後能原諒自己，施惠眾人終究還是好過到處搞破壞。

某位院牧發現，有些人在感到受懲後，需要告解說出一些事情，才能處理未完成的功課。那些人想知道自己得對摯愛之死付出多少責任，或許他們需要贖罪。有些人本能認為違反了神的旨意，祂就會帶來死亡，而舊約聖經中關於神施加懲罰的歷史不勝枚舉。你需要感受到自我寬恕過程中的難受，你需要道歉或聽到別人向你道歉，才能離開受懲、贖罪的迴圈。人在哀傷時比較容易將失親詮釋為失去而非神的恩典（grace），然而若當成後者，你會透過自我原諒，修復與神的關係。

讓你從苦難中成長，算是失親能帶來的最大恩典了。但是聽到這種說辭，一般人的反應大概都是「不能讓我上個成長課就好了嗎？神為什麼非得帶走我的摯愛？」然而你得等到未來回首這段時間，才能看出這段經歷的必要。

大峽谷並沒有遭受風雨摧殘數千年，它的壯麗是風雨塑造的結果。雖然此刻你覺得自己受到懲罰，但神之所以創造你，並非為了故意奪走摯愛懲罰你。你是造物的化身，帶著一股不可思議之力，將度過最為暴虐的風雨。

如果為大峽谷設置屏障阻擋風化，我們將會永遠無法欣賞蝕刻帶來的絕美景色。

控制

生病經常讓我們感到一切失去控制。現今的醫療系統中，醫生與病人相處的時間太少，護理師不堪重荷、過勞、低薪，民眾不得不提高警覺。彷彿醫療過程中隨時會發生致命錯誤，只要一個閃神，我們的摯愛可能就此消失。

這種壓力很容易讓人變成「控制狂」，因為我們為了確保每件事百分之百正確，戒慎恐懼到失去人性的地步。等到摯愛離世，上述非人的控制心理可能會延續到葬禮事宜上，有許多電話要打，以及安排待決定，包括儀式的形式、地點和時間等。

蘭蒂在哀傷團體分享她在丈夫住院時的心情。「好多事情要做，指揮東指揮西，但現在看起來當時我只是在空轉，到頭來什麼也掌握不了，我擔心的事情到後來並沒有造成影響，但我還是想做點什麼。」

就好像每當我們看到女性即將分娩，總想衝去燒開水一樣，但現在早就不需要這麼做了，因為消毒的方式早已變得更加先進。然而燒開水就跟蘭蒂說的一樣讓人覺得有事可做。話雖如此，隨著事情逐漸告一段落，我們依然充滿想要控制的念頭，有時候甚至沒意識到。

你可曾發現自己在家人死後開始產生控制的執念？一對母女在家中男主人臨終之際變得控制欲高漲，她們從早吵到晚，從前沒吵過架的母女，現場沒有一件事能取得共識。房間要保持溫暖還是涼爽？要用非傳統療法還是西式療法？在男主人死後，她們的爭執依然持續，主題轉移到孫子的教養方式。她們在他臨終前無意中養成了過度控制的壞習慣，在他死後也停不下來。

其實她們的爭執源自失控感。就算爭執會帶給她們非常難受的感覺，總比好過感受失去。控制可以掩蓋哀傷、心痛、憤怒等痛苦情緒。許多人寧願大吵大鬧，也不要感受哀痛、失落，以及看似停不下來的痛苦。

控制壓抑了潛伏的受傷感受，讓人覺得空虛嚴峻。控制帶來虛幻的安全感，還讓人以為自己已經振作起來了。事實上幻覺就是幻覺，你得鼓起十足的勇氣才能打破它。在電影《收播新聞》（*Broadcast News*）中，荷莉·杭特（Holly Hunter）扮演控制欲高漲的新聞節目製作人，上司質問她為何百般控制，並用諷刺的口吻對她說：「每次都是你對，感覺一定很好。」

結果她卻說：「不出錯的人活在地獄裡。」

想要控制無法控制的，最終會讓自己墮入人間地獄。哀傷會放大所有事情的細節讓你疲於奔命。以麵包店老闆傑洛德的例子來說，自從他妻子過世之後，店裡沒有人覺得自己還能做得下去。傑洛德覺得所有事情都偏離常軌，蛋糕沒有以前好吃，送餐速度比以前慢，員工以前士氣高漲，現在開始內鬥。跟著老闆工作多年的員工潘姆決定跟老闆的母親聊聊。「我們按照多年以來的老方法工作，」她開口：「但傑洛德什麼都看不順眼。老闆娘住院一個月的時候，我們把店顧得好好的，現在他卻嫌我們做得不夠好又很無能，什麼都要管。」

於是母親把兒子叫到一旁說：「就算你把店裡每件事做到盡善盡美，她也回不來了。世界並不完美，你不能把哀傷發洩在不需要修正的事物上。你所有員工都盡到了他們的本分。」

母親還說：「還記得你父親過世的時候，家裡變得多乾淨、我變得多龜毛嗎？我覺得家裡所有物品都擺錯位置，一直挪動家具，我其實是在修正無法修正的過去。搬著搬著，某天我發現你和妹妹在哭，她跟我說：『媽媽，我們沒辦法把事情做到十全十美。』就在那個時刻，我醒了過來。」

傑洛德悻悻地承認母親說得沒錯。想要控制一切的念頭不但讓自己走不出來，也讓身邊的人都過得很辛苦。誰都回不去老闆娘過世前的生活了，所謂的不完美就是這樣。傑洛德再也不會高壓統治員工，將心力轉向更需要修復的家庭生活中。

有時候哀傷的是你，變成控制狂的卻是你朋友。他們想終止你的哀傷，是為了讓自己好過。例如凱倫的十年摯友因肝病去世後，她無法振作起來。於是凱倫其他朋友籌劃了一趟巴哈馬渡輪之旅。他們自作主張認為凱倫能參加對她再好也不過，便執意邀她上船，不准有藉口。

雖然她不想參加，但是朋友不容許她拒絕。船一離港，她就知道自己鑄下大錯。她的朋友盡情享受，大吃大喝又跳舞，她像遊魂般在甲板上晃蕩，心裡只想著那位逝去的朋友。難過的她把這艘巴哈馬客輪稱為「幽靈船」，她明明只想安靜坐著，朋友卻一心想拉她參加盛宴與活動。她回家以後反省這趟旅程，真希望當初能聽從內心的聲音，就不會落入被朋友控制的窘境了。

凱倫的朋友想要掌控她的哀傷，硬生生讓她上了一課：不管你去到哪裡，哀傷都會跟隨著你。

但是控制未必都是負面的。例如華特的母親過世，承受喪妻之痛的父親抱怨，有太多決定需要做了。他連一個人要怎麼生活都不知道，晚餐要吃什麼也決定不了。華特住得離父親很遠，他向父親建議：「你為什麼不過來跟我住幾個月呢？我保證你來這裡，一個決定都不用做，上飛機吧。」他把機票寄給父親，心知要是沒用到可退票，而父親嘴上說著機票不坐也是浪費，動身出發了。

接下來三個月，華特的確說到做到，他用關懷的態度控制父親的所有動向，例如家裡的花園和自己的建築事業遇到問題，就請求父親建議。這時暫時接管父親的人生是華特能盡到的最大孝心了，父親逐漸走出喪妻之痛。

由此看來，無論控制被解讀為侵犯或是幫助，要一個人放棄控制欲，本身就是最終極的控制。

聽從直覺的導引，控制就像撒鹽，稍加一些可以提味，一失手卻會毀掉所有的滋味。

幻想

「讓媽媽從波士頓搬到鳳凰城真是我們最好的決定，」貝絲說：「而且隔壁的房價跌到我們能入手，真是美妙的巧合。媽媽喜歡當我們的鄰居，她說她喜歡一大早起床來我們家，幫大家煮咖啡、做早餐。那感覺就像舊時代的親密大家庭，孩子們也喜歡阿嬤過來，媽媽說被孫子環繞讓她感覺再度回春。」

「最大的問題就是，我和媽媽家之間的草皮都被來來往往的腳步踩凹了。真不敢相信她已經搬來這裡五年了，她還說要和我家十九歲的孩子一起上西班牙文課。有她在，人生變得多豐富呀……」

貝絲淚眼盈眶。「但這些都是我的幻想，」貝絲說：「怎麼也沒想到她才搬來三個月，我就得替她辦葬禮了。」

未來永遠引人遐想。從小我們會幻想人生如何開展，幻想跟誰在一起，幻想自己人生最後如何。就算在哀傷中，依然很難擺脫心中的幻想，尤其摯愛驟然離世時更加難以忘懷。貝絲母女都幻想過母親的退休生活，她們擬訂計畫、付諸行動，結果母親卻突然生病，貝絲剩下的只有那段幻想了。

貝絲不僅要哀悼失去母親的心痛，同時也要哀悼無法實現的幻想。失去是很複雜的，有時候我們需要撥開一層一層檢視：我們失去了母親、祖母、朋友的角色，失去了未曾體驗的人生。沒能實現的幻想也是一種失去，值得好好緬懷。哀傷的感受要是沒有整理，感受一股腦兒湧上時，宛如一箱箱不能斷捨離的雜物從頭上砸落。倘若你能一一整理審視，傾洩的情感將轉化成一場感傷而溫暖的陣雨，滌淨我們的靈魂。以貝絲來說，她一方面需要哀悼母親，也需要哀悼母女倆比鄰而居一、二十年的幻想。

葬禮結束幾週以後，貝絲家人決定賣掉那間房子，買家很快就出現了，但出價並非成交的決定性因素。貝絲決定和潛在買家們見面，告訴他們這棟房子對自己的意義，她很高興買家們都被她的故事觸動，因為她打算只將房子賣給同情她們母女的人。

第三方託管結束之後，她帶了一張充氣床墊進入母親無緣長久居住的房子，她在屋裡睡了一晚。想到這棟房子所代表的幻滅，她哭了一晚。

新屋主一家人搬進來以後，貝絲已經放下了，所以她能祝福這家人喬遷順利。在房裡度過一晚不僅哀悼了母親，也是和那棟房子道別，這是很好的決定。

在貝絲的例子裡，她哀悼的對象（母親和房子）都實際存在，其他人倒不一定如此幸運。例如吉姆在妻子過世後不打算搬家，他還在幻想中籌劃他倆的退休生活及旅行。跟貝絲不同的是，他哀悼的不是一棟房子。夫妻籌劃多年的非洲之旅，該如何哀悼呢？除了妻子以外，吉姆不想跟其他人去非洲。在哀悼團體中，他提起自己不知該如何哀悼從未發生的事，他想知道有什麼建議。機構指導他深入探討當初為什麼想要旅行，這念頭怎麼來的？

吉姆提到了好幾個原因，例如他和妻子都喜歡看電影《遠離非洲》。他們曾經去過聖地牙哥野生動物園，就是在逛動物園時夫妻倆決定退休後去體驗真正的非洲旅行。

探究根源之後，吉姆就能分析他的退休幻想並且為其哀悼。他租了《遠離非洲》，一個人邊哭邊看完，幾週之後他去動物園進行了一趟孤獨之旅。這些行動給了他可執行的實際目標，哀悼夫妻倆無緣進行的冒險。

我們有可能會陷入不切實際的幻想，意圖改寫結局，例如「要是我一直待在他身邊，就能避免車禍發生。」雖然多數死亡都難以避免，但是在改寫結局的幻想中，我們得以和摯愛重逢，在心裡看見他們又活過來，陷入討價還價狀態，希望他們短暫復活。

我們也會在幻想中稍微改寫摯愛的過去，把他們的行為和為人理想化。例如喬瑟夫和蘇菲的關係一直波折不斷，喬瑟夫總覺得事業不得意所以不斷搬家，蘇菲因此感到無依無靠。她的健康問題讓她日子越來越難過，如果沒有監控健康、控制飲食，她的腎病就會讓生活變得混亂。以上問題再加上喬瑟夫的脾氣和蘇菲的自私，使得腎病更加惡化，她經常感到不安，又臆測喬瑟夫背著她出軌。

一開始喬瑟夫會安慰她沒有那種事，後來他厭倦了被指責的生活，開始痛恨妻子，夫妻倆吵架的時間比聊天還多。但是在蘇菲健康惡化後，他守在她身旁。蘇菲過世後，喬瑟夫在傷心之餘開始重新編織兩人過去的生活，在他的想像中蘇菲一點錯都沒有，她是完美且充滿愛的人。喬瑟夫編織出一個強大幻想，塑造了另一個蘇菲。他就跟其他人一樣，用夫妻倆從未擁有的婚姻生活將亡妻理想化。

通常人們會在摯愛死後用幻想取代現實，這可能是受到文化影響，例如我們說「死者為大」，不要說死人的壞話。我們連想起死者做過什麼壞事都會感到內疚，所以傾向把對方理想化，藉此表達失去的有多深。我們以為要是把對方捧得越高，別人就越容易了解我們失去了多少。

有時候我們會淨化過去，讓過去的滋味更美好。平時犯錯已經不想坦承了，更何況是哀悼的時候呢？幻想的缺點是可能讓你無法完整哀悼死者的為人、他們的好壞、他們的光明及黑暗面。

堅強

「要堅強」這簡單三字經常如雷貫耳般傳進哀傷者耳裡，男性更常聽到。失去孩子的家長也常被勸說「要為了離開的孩子堅強起來」。

珍妮佛在丈夫過世之後，經常被勸說要堅強。「我已經夠慘了，」她說：「真的不知道要怎麼堅強。難道我不該在孩子面前哭泣嗎？人家都說別這樣做比較好，所以我沒讓他們看見我哭。但我後來開始憤怒，好像我用哭泣哀悼亡夫做錯了什麼。我不想要被迫堅強，我已經心碎到無法故作堅強，結果我還是硬擺出冷硬的模樣，我想我是為了孩子這樣做吧。」

有些人叫你堅強時會說「像男子漢一樣承擔吧。」雖然說話者一片好意，言下之意卻是「你情緒太多了，不要哭哭啼啼。」彷彿在告訴我們不需要受到死亡影響。可是人都會死，所以叫人在面對死亡時堅強起來，其實很反人性。

誰需要異於常人的堅強呢？大概只有面對危險還得做出反應的英雄人物吧。話說回來，堅強不代表沒感覺。現代社會以為倔強就是堅強。不過區別兩者的底線在於，堅強的力量可以助你走過失親，而故作堅強的倔強則會讓你被冒犯。

有個高中生代表學校足球隊出賽時母親過世了，隔天他們卻要參加重要比賽，和敵校對戰。這名高中生其實已經一蹶不振，教練卻說：「為了你媽媽堅強起來吧，勇敢一點，為她贏得這場比賽。」

雖然聽起來很像勵志電影情節，但是那名學生的隊伍其實正值低迷時期，後來那場比賽自然也輸掉了。幾年過後高中生成了年輕人，他說那天讓他覺得不被尊重。「母親過世，我最不想去的地方就是足球場，但不上場也不知道該去哪裡。」對他而言，被剝奪哀傷對他並無益處，故作堅強一點意義也沒有。

不過也有人完全相反，他們反而可以為了摯愛，憑意志將哀傷化為助力參加比賽。然而這也傳達出一個訊息：振作起來做事才是「好的哀傷」。這邏輯反過來就會出問題：要堅強，就得關閉情緒。

為什麼我們需要堅強？或許是因為電影中把堅強演繹得勵志動人，而且角色振作的過程沒有妨礙、傷害自己哀傷。再說，如果哀傷中的人不要表現出自己崩潰的一面，其他人會比較自在。如果某人失親後沒有呼天搶地，旁人的情緒負擔就會比較小。事實上，痛苦是會傳染的，一個人要是深陷哀傷，他身旁的人不可能沒感覺。所以假裝沒看見一個人的情緒，就不用面對了。

但要是把哀傷隱藏起來會發生什麼事？痛苦就算被掩蓋也不會消失，反而會以各種方式化膿潰爛。你得明白，哀傷和堅強互為因果，足夠堅強才能處理哀傷，哀傷被消化會帶出意想不到的、真正的堅強。

前述的珍妮佛在喪夫時被要求為了孩子堅強，現在她不禁納悶當初不流淚的雙眼傳達出什麼訊息，孩子是否以為她不在乎？「要是我真的在孩子面前哭泣會怎樣？如果我為他們示範，失去摯愛就該哭泣，又會如何？我大可以說：『媽媽是因為爸爸過世很哀傷才哭的。』我可以安慰孩子們，我哭完還是會堅強守在孩子身邊照顧他們。」孩子們需要知道，堅強的人在失去摯愛時會哭泣，然而就算哭泣，他們也會繼續活下去。珍妮佛覺得很扼腕，故作堅強的她無緣和孩子們一起哀悼。

面對哀傷，你能用許多方式表達堅強。婉達因為異卵雙胞胎兄弟杜恩罹癌去世而痛心不已，事發之後一個月，婉達的朋友蓋兒來拜訪她。蓋兒震驚地發現婉達穿著睡衣出來迎接她，而且哭得不能自已。

「你要堅強啦，」蓋兒看到狀態極度糟糕的朋友，她說：「今天是禮拜六，出去逛街吧，你一定要跟外界接觸。事情都已經過了一個月，你總不能整個禮拜都哭，連週末也哭吧？你把生活過成什麼樣子了啊？」

婉達眼淚未乾，她反問蓋兒：「去逛街算什麼堅強？我問你，你有堅強到可以坐在這裡陪我一起傷心嗎？」

婉達說出了其他人不敢說的話，她才是真正堅強的人。一般人往往會用逛街、釣魚等活動安撫朋友或是逃避自己的痛苦。很多人什麼都願意做，就是不想花時間和哀傷的朋友相處。然而人一定要嘗遍了哀傷的滋味，才能獲得療癒。除了直接體會，沒有別的捷徑。

哀傷可以延後，但是無法逃避。被延後的哀傷對有些人而言只會隱隱作痛，有些人則是難以承受。

當哀傷與心痛正烈的時候，你不妨像婉達那樣什麼也不做，純粹感受自己就好。如果哀傷就盡量哀傷：如果憤怒、失望，也盡情感受。如果需要哭一整天那就哭吧。唯一要避免的是壓抑受傷的感受，或是情緒尚稱平靜卻刻意賣慘。在這階段，重點在於全心感受痛苦，感受痛過之後的解脫。

記住，當哀傷一股腦兒湧上時，人會出自本能抵抗，但是抵抗痛苦只會放大痛苦。你只好放手讓自己沉沒，去感受逐漸蔓延的痛苦。讓痛苦沖刷你，之後會感受到力量回到身體和心靈。把自己交給哀傷，你會發現自己比想像中還要堅強。痛苦的暴風眼是平靜的，與其迂迴地繞著外緣行走，直接通過會更快結束這一切。

婉達的直覺讓她明白自己需要什麼，就算朋友與她看法不同，她還是遵循自己的直覺。雖然過度哀傷時可以做點其他事情來緩解，但要是朋友還沒準備好卻硬要他們振作，真的像是惡整他們一番。哀傷結束與否不是其他人說了算，可能會需要一個月、一年、兩年或更長的時間才能結束。失落感何時已整合完畢，何時該和外界接觸與世界接軌，這些只有當事者自己知道。

摯愛的離去往往在我們心中留下餘痛。我們會思考堅強二字對他們、對我們而言有什麼意義。與疾病交手數回合，不管是病人或是家屬都會經常聽到「加油！戰勝病魔！」人們篤定堅強的病人必定勝利：她一定做得到、要是我丈夫夠堅強、我妻子鬥志高昂，癌症就不是他們的對手。這種說法傳達出的訊息是：堅強能活，軟弱會死。那麼要是摯愛死去，我們就只能說對方「很軟弱」嗎？對方是因為不夠堅強才無法戰勝病魔？他們對疾病低頭了嗎？他們打輸了？照這邏輯，我們只能相信死者的意志不夠堅定，不能繼續搏鬥，所以才會低頭？這代表死者輸了，而疾病才是贏家嗎？

難道我們的死，終究是打了敗仗的結果？

生命的誕生需要母體的堅強，走向死亡也需要同樣的堅強。某些信仰認為，靈魂都是經過自主決定才降生於世界，離世時同樣也是出自靈魂的同意。

在生死、臨終領域多年的經驗，我們看見靈魂離開身體前會掙扎，最終放棄抵抗而脫離時，四周安靜下來，這時展現出的力量不是執著，而是放手。當你以後回顧親人的臨終情景，或許會有不一樣的發現。摯愛在對抗病魔時吃了那麼多苦，這是很了不起的，更偉大的是最後他們決心放手進入未知的領域，他們的死展現出的並非軟弱而是堅強。

盡了一切努力之後，失去親人的心痛需要用堅強的力量和決心來撫平，這才對得起你的失去，以及你的摯愛。

死後的世界

珍與傑佛瑞結婚十年，傑佛瑞說：「在我認識的夫妻中，應該就數我們感情最好。我覺得我們好像從認識第一天就結婚了。」

夫妻倆參加渡輪之旅，珍運動時臀部突然傳來一陣劇痛，她以為只是肌肉拉傷不礙事便繼續運動。旅程結束後夫妻倆回家休息，那時候是週六晚上，珍堅持要出門。「去參加禮拜吧。」

「我們每個禮拜都去，現在也才剛回家。」傑佛瑞看到珍急著出門覺得很意外。「一次不去不會怎樣。」

下肢持續疼痛的珍大量閱讀，看到人們在九一一事件之後信仰變得虔誠，花許多時間禱告。另一方面，疼痛的治療沒有進展，她一邊等醫生，一邊盡可能閱讀手上的宗教讀物。瀕死經驗故事特別令她著迷，有一次她跟傑佛瑞說：「我知道我要死了，因為祖母來跟我說『你很快就會跟我們一起走了。』」

她安慰丈夫，說自己並不害怕，因為她深愛祖母，所以聽到祖母這樣說反而感到安心。傑佛瑞一笑置之。「看到死亡預兆應該是因為快死了，而不是因為在健身房拉傷肌肉。」

珍妮佛堅稱自己感覺到神告訴她死亡沒什麼。「所以我最近才這麼勤快上教堂，」她解釋：「我需要反覆聽到那句話。」

傑佛瑞說他馬上忽略妻子的想法，很怕她說的是真話，尤其她的疼痛一直未能消解、等著要看醫生。之後幾週，傑佛瑞希望妻子去看精神科醫生，探討她那些即將臨終的念頭。「抱歉，我說的都是真的，我即將離開人世。否則為什麼我經常在夢中看見過世的親人和朋友呢？我不想走，但我的時間到了。」

後來她被診斷出罹患肺癌，已經轉移到了骨頭。醫生說疾病已經進入末期，她來日無多，而且她其實應該早已罹癌多年。當時的珍不但年紀輕而且不抽菸，算起來屬於肺癌的低風險族群，所以不太可能早期發現。

接下來一個月，珍費盡心思要安慰傑佛瑞。「他們都會過來幫我準備上路，」她說：「神和我都比醫生還早就知道這件事，我也知道自己離開時一定會很平靜。我真的很希望你也能放心，相信我們會在死後延續生命。到了你該走的時候，我也會來替你準備。我希望在我走之後，你的生命可以完整，也希望你知道不管我要去哪裡，都不是孤單一人。」

珍過世之後，傑佛瑞才發現原來珍並非在生命最後一年迷上死亡與宗教，反而是這兩樣主題為了幫助她離世而出現。

死後的世界相關討論中經常提到「顯靈」。例如臨終病患看到二十年前就逝世的母親，她跟女兒說不用擔心，她會等她。類似案例還有很多，不過被現代醫學解釋為減痛藥物所導致的幻覺或是想像。

為什麼人們難以接受顯靈的現象？想像你有個孩子，你深愛她、關心她，你照料她的飲食，照顧她健康，讓她一路平安長大。要是她膝蓋跌破皮、要是她怕黑、要是她升高中不適應，你都會伸出援手。你們一同分享她上大學、結婚、成為家長時的期待與恐懼。

時間快轉六十、八十年，那時你早已過世。你發現重大時期都有你陪伴的孩子即將不久於人世。要是你有辦法見她一面，難道你不想嗎？生死之間的薄紗即將被揭起，難道你不想安撫她，跟她說你會在那裡等她？要是這樣想，死前看到親人顯靈就不令人意外了。許多人相信過世時，他們愛過的人、認識的人都會迎接他們去死後的世界，所以他們才說沒有人會孤獨死去。

你在死後會看到人生走馬燈，但不是以主角而是以旁人角度觀看自己的行動帶來什麼結果。你會感受到你帶給旁人的痛苦，不過更重要的是你會感受到你讓其他人感受到的愛和善良。複習人生並非要懲罰你，而是讓你更深入學習，你會看見在這一輩子成長多少，看看還有什麼功課未完成。你會被問到這輩子付出了多少關愛，為全人類做出多少貢獻。

不管死後的世界是否存在，唯一能肯定的是死亡並非我們想像中那樣。如果你感受到摯愛的存在，別懷疑，他們的確還在。誕生並非起點，而死亡也不是終點，只是時間軸上的兩個端點而已。死亡並不如傳統想像中那樣終結一切。這樣說不代表摯愛離世時你不會感受到失落與分離的劇烈痛苦，但我們相信只要心意相通，摯愛在死亡之後依然會繼續存在。

另一方面，社會上有許多人相信，如果死了一切都沒了，不會有任何東西留下，死者的能量只會留在身邊那群人身上。如果這樣的想法為真，那麼摯愛會以更加具體、可接觸的方式繼續存在。

許多社會認為肉體只是軀殼，是我們在這一世的戲服。或許你曾經見過某人的屍體，發現那看起來真的只是一副軀殼，是蝴蝶羽化後留下的殘蛹。這身體不再是你的摯愛，你會發現對方的靈魂和能量已經不在了。生命在肉身死亡之後依然持續，身體徒留蝴蝶破蛹而出後的餘溫和平靜。雖然你看不到蝴蝶但感到解脫，你知道摯愛已經不再受苦、不用病懨懨躺在床上全身插著管子了。你的摯愛現在毫無罣礙了。

死後世界的觀念會影響你心理衝擊的規模乃至於排解哀傷的過程。死後世界的概念一直都有爭論。打從人類出現以來，人們不斷猜想死後會發生什麼事：摯愛死後去了哪裡？我們以為那副軀體就等於他這個人，但等到肉體消滅後，我們卻能在心中感受到他。他到底在何時離開、以何種形式？摯愛臨終前我們會看見他幾乎沒有呼吸（有時這狀況會持續好幾個小時、好幾天），不知怎的我們就是知道，他的靈魂已經不在那裡了。

「我就是感覺到，他已經不在了。」這種話我們經常聽見，有些人說摯愛過世前靈魂已經離開了。例如病患臨終前家屬在他身旁圍坐，然而當病患斷氣時，家屬不自覺地將注意力抽離面前的軀體，瞬間體會到他們不會再像從前那般在意這具身體了。他們知道在某種程度上，摯愛的能量再也不會牽動他們的心思，那股能量已經消散了。

臨終前正是能量脫離肉身轉往靈魂的階段。摯愛正在離開她此生的居所，也就是她的身體，移動到靈性世界，這股能量就是許多人所說的不朽之我（Immortal Self）。許多有經驗的人都說，死亡到來的那一刻，恐慌、恐懼、焦慮都會完全消失，感覺到軀體再度完整，例如截肢的人感覺斷肢被接回，或是失聰人士聽見美妙的音樂。

死後世界的想像，會影響我們對臨終之人的感受。如果你覺得她會上天堂，那麼或許你現在會因為她即將離世而難過，卻又因為她能前往天堂享福而感到安慰。如果你相信死後什麼也不剩，你可以安慰自己對方不用再受苦了。如果你相信輪迴轉世，你可以想像她下輩子投胎會變成什麼？何時才要投胎？如果你相信天堂，又知道她這輩子為人善良，你就會感到如釋重負。

有些人認為摯愛雖然會繼續活著，卻是活在另一個次元，他們相信摯愛雖然存在於那裡，但他們發出的訊號就像廣電電波那樣，無法被有其極限的人體感官接收。其實我們都想接觸亡者，跟他們說話，揭開生死之間的帷幕。爭論次元是否存在沒有意義，因為這已超出了人類所知範圍。

人在面對失落時渴求連結、急欲探索是人之常情，這份牽掛只有在被無恥利用時需要質疑、喊停。如果有人說他們接收到亡者的訊息，可以問他們一個最關鍵的問題：「你被安慰了嗎？」

無論你相信哪一種說法，你的哀傷都與你的死後世界觀緊緊相連。或許你對死後世界毫無概念，只覺得失去親人很難過。有些人毫不在意死後的世界，只感受到這個世界的痛。

小男孩強尼在上學途中總會經過一間教會，雖然他不會進去，但他每天都會打開門對裡面說：「神啊，祢好，我是強尼。」說完他會微微一笑把門關上，繼續往學校邁進。

等他年紀稍長，還是沒有改掉上學途中跟神問好的習慣。「神啊，祢好，我是強尼。」後來他十年級時，全班在暑假去倫敦旅行。他把所有能打開的教堂門全都打開，跟神打招呼，面露微笑的強尼好像在跟神說，在倫敦也見得到我，想不到吧？

一年之後強尼升上畢業班，卻因車禍而去世。但是就在他死前，他聽到有一個聲音跟他說：「強尼啊，你好，我是神。」

這故事是一名安寧緩和醫療病房護理師從天主教學校修女那裡聽來的。這個故事四處流傳，細節有所出入，卻讓人聽到後發現死後世界的確存在而感到安慰。不管我們相信死後會上天堂、會看到神、會轉世或看到一道白光，都會感到安心，原來死亡並不是結束，我們的生命不僅限於這具軀體，而生命並非僅限於起點、中點、終點這樣的三點一線。

走向死亡的過程之於出世，就像毛蟲得先成長才能羽化成蝶。我們雖然聽不見狗的高頻率喊叫，也聽不見摯愛透過其他頻率傳送我們無法接收的訊息，這不代表摯愛聽不見我們。例如海中有一艘船，就算那艘船駛到視野以外，那艘船依然存在，船上的人沒有消失，只是要前往彼岸。

同理，死亡可以被視為切換到更高層次的意識，你在死後的世界還是有感受，你能思考，會持續成長。你失去的東西是你已經不再需要的，你的肉身。脫離肉身像是春天來了換下冬衣一般，你脫下再也不需要的外殼，它可能舊了、病了，再也無法好好運作。這個脫離肉身的說法可能無法在當下帶給你安慰，但是隨著時間過去，你會了解到摯愛會以某種形式存在於某些地方，我們會再度重逢。

問題是當你正值哀傷，會覺得度日如年，而一年則像永恆一樣漫長。想必先走一步的摯愛會因為死後世界沒有時間而比較輕鬆，而我們則慢了他們一大截。法蘭克和瑪格麗特結婚五十年來幸福美滿，大多時候都是一起行動。後來瑪格麗特生病，臨終前她說：「我接受自己生病，接受自己即將過世，但是最難接受的是接下來不能跟法蘭克在一起。」

瑪格麗特病情惡化，想到最後注定要分開越來越煩心。就在離別前一刻，她跟坐在床邊的法蘭克說話。那時她因為沒有服用藥物而神智清醒。她說：「我很快就要走了，我終於可以接受了。」

他問：「所以接受的關鍵是什麼？」

她回答：「聽說你已經存在於我要去的那個地方了。」

難道法蘭克有可能同時存在於兩地，既在病房睡覺、又在天堂等待愛妻？或許答案跟時間的感知概念有關。對於還活在這世上的法蘭克而言，他還要等上五年、十年、二十年才會再見到瑪格麗特。但如果她要去的地方沒有時間可言，或許他隨後就到。

若是這樣，想當然這對死者而言是美事一樁，畢竟他們不用等待，然而我們的行程卻被時間耽誤，而且在哀傷中，一瞬間都感覺像是永遠。

孩子對於死後的世界沒有預設想法，所以才會聽到多起孩童描述死後世界的案例。有個十二歲少女從鬼門關前走一遭，回來後決定不要告訴母親其實死於車禍實在是一件很美妙的事，她到了一個比家裡還更快樂的地方，但是告訴母親會讓她傷心，所以她不想坦白。但她還是需要有個出口，所以她轉而告訴父親其實她並不想要回魂。她不僅在這次瀕死經驗中看到白光、感受到心靈全面開放，還遇到一個自稱是她哥哥的人，讓她很是驚喜。她說：「哥哥說他很愛我，也很愛你、愛媽媽。我怎麼會有哥哥呢？我沒有啊。」父親聽了哭了起來。「你有，但他在你出生前過世了，我們原想等到你年紀大些再說的。」

我們往往誤以為所有的連繫都會在摯愛死後中斷。但是我們為何覺得跟未出世的孩子說話很平常，卻覺得跟死者說話是精神失常？事實上就算對方過世，你也來得及跟他們說你很抱歉，你有多愛他們。就算你未了的心願拖上十年、二十年或更久，你還是有辦法實現。

當我們離開時會很意外地發現，前來迎接的不僅有最愛我們的人，還有其他意外訪客，例如祖先，或是我們接觸過卻從來不認識的陌生人。所以不難想像當我們到了那邊，老朋友都會前來迎接我們。

許多人相信輪迴轉世，相信靈魂會投胎，在下輩子變成另外一個人。據說就算投胎轉世，身邊也總是同一群人，業主要跟著具有相同任務的同一群人，達到自己的學習目標。社會總是講求證據，但是有些事情無法被證明。例如朋友叫你摸鼻子你摸得到，摸下巴也摸得到，但是叫你去摸你對孩子或父母的愛，你會摸到什麼？

人們都想知道死後的世界是怎麼一回事，有些人覺得答案很重要，然而光是提問就已經足夠。哀悼者能因為想像、感受摯愛依然以某種形式存在而感到安慰，這才是最關鍵的。

CHAPTER

03

哀傷的外在表現

紀念日

「哀悼」是顯現心中失落感的外顯行為，透過習俗和禮制來表現，而「哀傷」則是內心失落感流轉的一段過程、旅程。話雖如此，哀傷並不像旅行那樣在預定日期結束，旅程的長短因人而異。失去摯愛的第一年，你內心哀傷，同時也做到了形式上的哀悼。哀傷的日子有好有壞，就跟人生一樣。

直到失去摯愛以後，才發現原來紀念日有那麼多種。我們一定記得摯愛的忌日，但他們的生日、結婚紀念日、初次約會以及其他大小日子卻遭到遺忘。不管這些日子從前讓我們多開心，現在卻讓我們想到我們失去了多少。每一個與死亡有關的日期，例如過世一個月、半年、過世一年等等，都對我們有意義。

別人多半不會提醒你記得這些日子，好像你忘了也無所謂，因為他們不知道在這些日子該說什麼。你自己也不知道該說什麼。因為當人過世之後，所有的紀念日都產生了劇烈的新變化。讓紀念日有必要慶祝的人已經不在了，你現在得自己過，從前那些日子帶來的歡樂現在被失落取代。

朋友通常不會打電話來說：「距離那件事到現在，已經過了三十天、三個月、一年嘍，我想打電話找你聊聊，但又怕你傷心。」如果你希望其他人可以自在討論，你得表現出還在意紀念日的狀態。

雖然聽起來很沒道理，但我們的社會特別害怕在這時候說錯話。大家實在很怕拿起電話打給喪夫的朋友說：「嘿，很遺憾你先生已經過世半年了，我特別打電話來安慰你。」結果你卻說：「我今天原本都過得好好的，都忘了這件令人心痛的事，結果你現在又讓我想起來。」

打電話安慰失意的朋友，結果卻被對方遷怒，這情況應該不常發生，但我們時常聽到有人擔心這種事情。不過就算失親者真的忘記了紀念日，潛意識裡還是會記得，因為情緒會被儲存在身體裡，被送到中途之家的孩子就是這樣。社工們會說有些孩子總在特定日子出狀況，那時可能是他們父母的忌日，或是被送進中途之家的日子。孩子們在那些日子總是特別難過，最驚人的是，有些孩子在事發時年幼還不懂得看日曆，卻還是能在同一個日期準時發作。

其實身為成人的我們也是一樣。例如羅珊妮某天睡不好，她隔天上班遲到，工作頻頻出錯，又處處看事情不順眼。她一口咬定是因為失眠的緣故，結果就在同事詢問日期而她回答六月二十一日時，瞬間想到了什麼，那是她的結婚紀念日。

有時候我們之所以記得朋友難過的日子，可能是因為那日期就在自己生日前四天特別有印象，所以想到要打電話聯絡。如果對方被你提醒後才想起來，通常會說：「難怪今天一直心情不好。」「怪不得今天特別難過。」通常他們會感謝朋友記得這些日子，感謝他們特別關心。

瑪麗亞和保羅想撥空抽出兩週時間去法國度假，他們想利用聖誕假期出發，但這樣一來會無法替瑪麗亞的母親派翠莎過生日。於是他們在出發前一週提早為她慶祝六十四歲的生日。

夫妻倆去到法國之後，到了派翠莎生日當天，他們整天都在掛念這位老太太。瑪麗亞提議：「嘿，不如今天就來辦個壽星缺席的生日派對好了。」那晚夫妻倆非常愉快，他們聊起岳母和母親的故事，還開玩笑說或許她根本不是六十四歲，因為派翠莎從不透露真實年齡。

旅程結束以後，他們跟派翠莎提起假派對的事，結果她很欣賞他們的創意。派翠莎到處跟朋友開玩笑說家人幫她在法國慶生，但她沒提到自己缺席的部分。所有親戚都知道她在開玩笑，但還是配合演出。

到了隔年夏天，派翠莎家中遭宵小闖入，讓她氣得要命。她在警察局說明狀況時突然嚴重心臟病發作，撒手人寰。

到了聖誕節，保羅和瑪麗亞想到往後的節日會很難過，心裡悵然若失。其實聖誕節可能還好面對，畢竟他倆會忙於張羅孩子的需求，但是剛好撞期的派翠莎冥誕要怎麼慶祝？

夫妻倆想起去年那場壽星缺席的假派對，其實這種慶生和冥誕很類似，只是舉辦地點不一樣而已。今年他們打算比照辦理，只不過這次壽星真的是無法出席了。

在會場上，他們和去年一樣向派翠莎舉杯致意，說了一些她的故事。「自從媽媽過世之後，我們從來沒想過要幫她辦聚會，」瑪麗亞跟朋友說：「但我知道她會樂見我們齊聚一堂，大家一起聊天，一起紀念她。」瑪麗亞的同輩親戚都來了，大家享用豐盛的晚餐，瑪麗亞覺得現場宛如真正的生日派對。「我的兄弟姐妹和親戚都在現場，」瑪麗亞回想當時。「孫輩也都來了，那一晚非常美好，我們追思離去的瑪麗亞，舉酒敬她。」

隔天她將這場派對告訴同事。「感覺就該這樣做，我們原本以為會很空洞淒涼，但因為去年就辦過了，我們知道媽媽一定會喜歡的。」

瑪麗亞的家人認為與其什麼也不做，不如辦個派對來得輕鬆。不過每個人思考方式不同，重點在於你要在紀念日做點讓自己舒服的事情。有些人太心痛，所以選擇在紀念日當天工作，讓自己忙碌對他們而言最合適。有些人想要花時間跟朋友相處，聊聊心裡的感受和失落。有些人想要躲起來用自己的方式追思故人。

在失去摯愛的第一年，以及往後遇到各種年度紀念日時，你會特別想要多做點什麼，第一年的紀念日尤其如此。你要找到自己的方式來珍藏摯愛的回憶。這一天你會想起最心痛、以及最開心的回憶。這一天值得在你心中留下印記，所以想做什麼就放手去做吧。你可以上教會、去摯愛墳前憑弔，或是跟親友聊聊，緬懷你們之間的愛與殘存的記憶。

在亡夫道格拉斯一年忌日即將到來之際，布蘭達的思念也到達了極限。她原本打算點一根蠟燭紀念他，但她知道光是這樣做還不夠，所以又在忌日當天多邀了幾個朋友。她還寄電郵給住在郊區及國外的朋友，請他們用電郵寫下與道格拉斯有關的回憶。

忌日當晚，道格拉斯的四位摯友前來參加，每人輪流說了一個道格拉斯的故事，也唸了三封電郵的內容。然後他們點了一根蠟燭說：「道格，現在點蠟燭是為了紀念你，感謝上天讓我認識你。」之後大家輪流點蠟燭、談話，之後他們去道格最喜歡的餐廳吃晚餐。

布蘭達說那晚真是完美。「對我而言那晚代表的是，雖然他的肉體已消逝，但是與他的連結卻永遠都在。那場聚會代表了一切，我們的想法、心情、連結的不朽。那晚一開始氣氛比較嚴肅，因為心情哀傷肅穆，等到說出心聲、朗讀電郵內容以後，氣氛就放開了。沒想到晚餐可以吃得那麼輕鬆、開心。」

布蘭達找到了紀念亡夫、慶祝紀念日的方式。其實你也可以在紀念日感謝自己這麼努力、勇敢走了過來。一年前、多年以前的你跟現在不同，過去的你到了現在，已經永遠改變了。

過去的你有一部分隨著摯愛離開，但摯愛也有一部分隨著改變的你一起活了下來。

性

年近七十的茱蒂絲說三十五年前差點和丈夫離婚。她說，在兒子死於癌症當天，丈夫要求性交。那時兒子過世才剛滿七小時。

「當時我身心瀕臨崩潰，看到他這麼自私又搞不清楚狀況，我感到相當屈辱。當時我還在想往後的人生不值得快樂，他竟然想到求歡？我真的無法理解。但還好我們婚姻基礎夠堅固，不至於因為他的要求而破裂。我還是認為他的要求非常不得體。我知道他就跟我一樣愛兒子，所以我無法理解為何當時他竟然有性慾。」

多年以後，茱蒂絲的丈夫說出了當時他自己並不了解的心情。「我要的不是性，」他說：「兒子死去我不知所措，不但覺得家庭破碎，也覺得自己的靈魂少了一塊。我需要被擁抱才能感受到自己與他人的連結，才能感受到我們是相連的。我只知道用性來填補失去的感受。」

這種心情，人們鮮少討論且少有書籍記載：在哀傷的時分正大光明討論性始終是個禁忌，就算面對密友也不能提起。就算提起，也會是關起門來跟諮商師討論，而且討論時經常語焉不詳。但我們認為本書如果不討論性，等同於否認失親後發生的真實事件和感受。

男女在體會性與哀傷時截然不同，本節只能稍提大概。例如茱蒂絲的丈夫會那樣要求，是因為並非每個男性都知道該怎麼說：「我覺得很孤單，想要被人擁抱。」相較之下，女性比較有可能開口要求肢體碰觸的安慰。茱蒂絲的丈夫要求性交，感覺就像侮辱了去世愛子的回憶，但事實上並非如此。

性是生命的一部分，自然也屬於哀傷的一部分。要是失去丈夫、妻子或交往的另一半，你當然也會失去性關係。你對於兩人之間的性愛有很美好的回憶，這些回憶很難跟朋友討論。或許你在失去另一半之後會立刻想要性交，或是完全相反、這輩子再也不想做了。有些人可能會慢慢放下對性的排斥，有些人寧可把性留在回憶。

我們可以很篤定地說，如果性是你們關係中的一部分，那麼也將會成為哀傷的一部分。另一半過世後我們會（不）自覺地要別人頂替對方的角色。例如從前他管帳，現在變成了你。以前家中維修都靠他，現在你請別人來做。以前她照顧小孩，現在你把孩子交給阿嬤和托兒所。但是往後必定自然浮現的性慾該和誰處理？性伴侶的角色一時之間很難找到合適的人選。

剛開始哀傷的時候或許你不會想到性，但要是終於想到了，你要如何詮釋性慾背後的心境？有性慾自然嗎？你把性當作普通的慾望，還是充滿了背叛、沮喪？性不只是你和摯愛之間的肢體動作，更是親密情緒交流，是兩人關係中非常重要的一部分。所以在失去另一半之後，你想念的不只是對方，也想念享受性愛的自己，對方死去後這個自己依然存在，依然會有性的基本需求。

要是在摯愛死去後浮現性慾，你應該會很容易自責。沒有另一半卻還有性慾？怎麼可以這樣？似乎每個人都認為失去摯愛的人再也不會有一般人的感覺和慾望。但是你的確有性慾，只不過少了另一半後，性慾的浮現宛如死後不守節操。發現自己有性慾是健康且正常的，別為了一些傳統觀念而貶低性慾。你以前也和摯愛一起用餐，對方死後你會貶低食慾嗎？

潔米大三時父親生病，她跟男友馬克說需要回家看看家人。他們當時隨興交往了一年，馬克支持她回家看看。她回家一週後父親過世，葬禮結束後她回到學校，馬克帶花去宿舍安慰她，她說想要性交，讓他很意外。

馬克知道對方沒有性經驗所以遲疑了，他問：「你確定嗎？你總是說要等到婚後。」潔米的回答令自己也很意外，她說：「我很確定。」他們開始接吻，她反應激烈讓馬克嚇了一跳，但他沒有抽身。結束以後，他發現原來她是為了排解哀傷而性交。

之後他們的友誼持續，多年以後他們吃午餐敘舊時，潔米提起父親過世後那件事。「當我離開葬禮回學校，」她說：「我覺得渾身沾染了死亡的氣味，我想要感受到生命力，當時我只想得到用性來達到目的。」

他想了一會兒之後回答：「我總想，當初我該更努力拒絕，我知道你總是把第一次想得很浪漫。」

她說：「當時的你，絕對沒辦法勸退我。」

三年來，芭芭拉的丈夫接受放射線治療、化療、痛苦的醫療過程，之後他過世了。這些年來她都把心力放在丈夫身上。丈夫死後四個月，二十年前的高中同學打電話邀請她參加同學會，她答應了。同學會安排行程，也會開車載她，她只要打包行李上車就好。同學認為和大家聚會，別讓她一直想著逝去的丈夫也是件好事。

出人意料的是，芭芭拉遇見以前畢業舞會的男伴榮恩，他們一起在同學會上跳舞，更意外的是，她發現自己的身體再度受到他吸引。他們在酒吧喝了幾杯紅酒，但酒吧即將打烊，兩人卻還想繼續敘舊。他們決定去男方房裡繼續聊，殊不知接下來他們就開始接吻進而發生關係。

隔天芭芭拉回房沖澡換衣服，心中無比內疚。她自責太早恢復性生活，但她後來又發現因為丈夫重病的緣故，她已經四年沒有性生活了。

無論對方過世多久，何時才能重啟性生活並沒有簡單答案。怎樣才算「合適的時間」因人而異，也取決於關係的性質、心裡的感覺。以芭芭拉的例子而言，許多人在計算自己多久沒有性生活時，都忘記納入照顧病人的時間，而這段時間的長短當然每人都不同。芭芭拉在丈夫死後才開始意識到性慾，但換作是長期臥床患者的照顧者，想要嘗試關係外性交的心情不但強烈而且難以招架。

喬瑟夫結婚十年來一直是個好好先生，他的妻子凱莉死於車禍悲劇。凱莉在生前是專精於信託、遺產、遺囑的律師，早已準備好兩人的生前契約。她曾經坦白跟丈夫聊過，要是夫妻其中一人先走會是什麼狀況，也希望對方繼續好好活下去。凱莉提到同事丈夫英年早逝，她年紀輕輕成了寡婦。「要是我發生什麼事，」凱莉告訴喬瑟夫：「我希望你會再婚。」喬瑟夫答應了。到了守喪第二年，他雖然可以想像再婚，想到性卻讓他感覺背叛了亡妻。

對喬瑟夫和許多人而言，重新和外界接觸的過程很不舒服：約會、談心說愛、性交。還好凱莉說過的話讓他有個依靠，溫柔提醒他再婚不是背叛。但是大多時候，人們沒那麼幸運提早討論到身後事。人在談戀愛的時候，不會想到往後的失去。

有些人會反覆思考，解析心情，甚至到摯愛的墳前，准許死者讓他們重拾人生，其實他們沒說出來的是，希望死者可以准許他們再跟人約會、性交、談戀愛。

你必須相信自己有把握知道與人重建關係的時間地點，並且做好一開始感到不自在、不順利的心理準備。希望你的新對象能夠了解你的考量，或者至少你要知道自己的心路歷程並且設法走完。

例如要是從前你和另一半經常去夏威夷，如果和別人重遊舊地，當然會讓你感到哀傷及內疚。所以你怎會以為往後和別人展開性關係時，不會想到逝去的摯愛？當然你會想起從前，但你可以同情自己並且放寬心，讓自己重拾性生活。你終究會看見哀傷帶來的陰影，並且了解需要多大的勇氣，才能重拾生活並且愛人。

哀傷中的性有何意涵，往往因人而異。有些人在失去摯愛後很快就有性需求；有些人希望再緩一緩；有些人則是憑感覺。有些人透過性來逃避痛楚，性可以讓你暫時轉移注意力，讓你變得麻木，有助於逃避哀傷的情緒。有人認為性最能緩解死亡帶來的痛苦，因為性與生命有關，而生命正是死亡的相反。

賽門回家時筋疲力竭。儘管醫生們使出渾身解術，母親還是因肺炎而死。「父親走了，母親也沒了，」他說：「這時候就只剩下自己的小家庭了，配偶顯得更加重要。當我回到家，有股特別的衝動想要跟金結合。我一進門就擁抱她，接著我把行李箱拿到臥室裡放好，她跟了過來。我躺在床上抱著她，開始親吻她的時候，她制止我的動作說：『等一下，你現在想要？』」

「沒錯。」我這樣說：「但不是平常那種，我現在覺得像個孤兒，好像我在這個世界上無處可去，只剩下你收留我了。我需要跟你在一起才有歸屬感。」

金不了解這種感受，說了很嚴厲的話。「你還是別想那些齷齪的事，為你的母親哭一場吧。」

賽門之後說他覺得金當下拒絕的不只是性。「我覺得她不支持我，」他說：「她欠缺同理，而且我無法跟她解釋，我覺得很孤單，有必要感受到完整。」

或許配偶很難理解另一半失親後無所依歸的感覺，這時性愛帶來的連結或許很重要，因為許多人認為性可以帶來親密感。性可以迅速重新確認兩人連結依然存在，這時求歡的人要的不再只是性行為，而是透過性達成的緊密連結。

對賽門而言，他要求性不是為了歡愉而是希望兩人界線交融。在你失去摯愛之後，面前會突然豎起一道明確的界線。你彷彿迎頭撞上硬牆，一心只想找到柔軟的支撐。死亡打破了你與親人之間的連結，而性交可以創立其他連結。

但是在此要建議：在失親後為了整理感覺，參加哀悼團體或是諮商通常都遠勝於一出事就求歡。哀傷會等你做好心理準備後才浮現。然而說歸說，現實還是現實，心痛到無法承受的時候，諮商師的話你未必聽得進去。要謹記一條界線，所有人都只是凡人，都有做不到的事情。

身體與健康

堂娜夜以繼日照顧生病的丈夫，他住在醫院裡的腫瘤科病房，堂娜每天忙碌讓他接受最好的照護，他餓了要讓他進食，也要讓他喝水，化療後嚼冰塊，還要注意他的止痛狀況。

只有在她自己需要上廁所或是去大廳跟親戚報告狀況時，才會離開丈夫身邊。護理師和家屬都很擔心，但他們擔心的對象不是病人，病人好得很。他們擔心的是堂娜，她雙眼紅腫還掛著深深的黑眼圈。堂娜因為睡在病床旁邊的椅子上而脖子僵硬。除非有人問起上一餐什麼時候吃的，她才會想起要進食。就算她會自己想到要吃飯，也通常已是深夜時分。她只能用走廊販賣機的食品隨便果腹。即便她用起司餅乾和可樂當三餐且心力交瘁，誰也怪不了她如此狼狽，因為大家都知道她留在醫院對她丈夫而言是最重要的，其實對她自己而言也是如此。

當丈夫終於過世後，堂娜憔悴到令人吃驚的地步，但她還是打起精神準備守夜和葬禮事宜。雖然她的精力已經被榨乾，還是張羅葬禮與接待大小事，連下葬那天也不鬆懈。她盡量打點外表，但就算她好好洗了澡且打點妝髮，大家還是議論紛紛，說她像是老了十歲。

哀傷帶給人的影響往往如此，可別忘了這是一段難熬的時期，你經過許多大風大浪，身體因你這一路走來的苦頭、感受以及各種景象而飽受折磨。所以身體需要時間休息恢復精力，不過你可能不想要、不在乎健康。儘管你的身體在呼喚你，但你有可能會覺得照顧自己沒有意義，畢竟你最想照顧的人已經不在了。

你會在失親之後找回自己，但首先要先學會調適狀況。如何從「沒時間吃飯」切換到

「有太多時間吃飯？」而且摯愛不會陪你一起吃了。當你不用再擔心生死的時候，該如何照顧自己的健康？你疏於照料自己，雖然你擅長解讀摯愛的健康需求，卻忘了解讀自己的。過去那段時間，你放任自己活在飢餓、疲憊、體重減輕或增加的狀態之下。

不過你會慢慢恢復到從前的健康狀態，只是這需要時間。或許其他人會希望你轉眼間變得像從前那樣，但請你按照自己的步調來就好。記得提醒自己，吃得更健康一點，活動稍微增加一些。旁人的意見可以不用理會，不用急著馬上要自己改頭換面。你要用自己的步調休息，找回和身體的連繫，觀察自己的感受，現在就可以開始。

步調放慢，超過能力負荷的就不要做了，做事做到一半分心也無所謂。做一些稀鬆平常的小事，可以讓你逐步忘卻劇烈的心痛。有些人需要放空一段時間，什麼也不做，但有些人需要終日忙碌，感受到自己的生產力有時也能幫助轉換心情。

有些人在失親後無事可做，他們會覺得照顧自己實屬勉強。或許你就是提不起勁運動，連走到路口都不想，或是你不在乎自己吃了什麼。畢竟飲食和運動都無法讓摯愛死而復生。

有些人不在乎食物，有些人則是變得暴飲暴食，食物可以暫時填補空虛感，不過這只是暫時舒緩心痛，終究不是長久之計。當你認真為自己哀傷，接受失去，不健康的習慣通常會自己消失。

你可能需要馬上重返職場，工作帶來的感受會變得不一樣，或許你無法像巔峰時期那樣發揮，或是動作變得比較慢，或者你不會多接工作，但不會有人期待你在這時多多分攤吧。不用在這時表現得像從前一樣，因為你就是已經不一樣了。這時請你認清自己的動向，覺得壓力太大就減速，用自己的步調做事。如果你的工作剛好忙到可讓身心暫時抽離所有傷痛，就好好利用工作吧。

不管你的進食分量增加或減少，運動量提高或降低，工作表現不如從前或是更加積極，你都必須投注足夠的時間幫助身體復原。建議你這時早睡晚起。如果狀況失衡就採取對策，例如提升進食品質、多做運動、善待自己。要是這時容易生病不用太意外，因為你身體的防禦力降低，抵抗力也變差了。摯愛離去之後通常會讓人生病，例如突然感冒或是得到流感，而且拖上更久才能痊癒。

丹尼爾和瑞秋結縭二十四年，瑞秋是他的畢生摯愛，她因為心臟疾病而逐漸邁向死亡，這段時間丹尼爾全心全意照顧她。在瑞秋死後，他雖然悵然若失但馬上重返職場。結果第一週過去，丹尼爾開始劇烈頭痛，這是他有生以來最嚴重的頭痛。

他去急診室求診，醫療人員幫他安排檢查，看看是否為內出血或是更嚴重的狀況（例如腫瘤）。丹尼爾說他沒有撞到頭，而醫生幫他檢查頭皮後說：「幫他取消檢查，他得的是帶狀皰疹。」醫生問丹尼爾他最近是否處於高度壓力之下。

他說：「高到你無法想像。」

之後丹尼爾全身長滿帶狀皰疹，皰疹病毒就和水痘一樣潛伏體內，被重大壓力啟動。丹尼爾無法想像自己的步調會被帶狀皰疹的劇痛打亂，他不能急著回去上班，就算在家工作也做不到。他必須達到真正的「什麼都不做」。他全身皮膚紅腫起水疱。最後傷口結痂，痂皮脫落，露出了痊癒後的新生皮膚。

他後來回去給固定的醫生看診，對方說：「你長皰疹我不意外。我經常看到人們在經歷重大失落後大病一場。」

丹尼爾的身體狀況不讓他有選擇餘地，他只能停下腳步為亡妻哀悼。這個例子充分說明要是還沒準備好卻展開行動，身體就會反撲。你從前是如何盡心盡力照顧摯愛，現在就把同樣的心力拿來妥善照顧自己。許多臨終者在死前反而會擔心生者，他們會想要看到親人好好活下去。

請花時間好好照顧自己。如果你病了，就是身體在提醒你「慢下來」。或許你需要在家度過一個週末，在床上躺一天、擺爛一整天也無所謂。

你要照顧的人，就是你自己。

忙碌

你忙東忙西的，你打電話、約見面、擬訂各種計畫。許多人認為有事情可以忙是好事，不然怎麼算是好好利用時間呢？如果閒下來感受到一陣空虛，那真的太難承受了。所以大多數人在失去摯愛後會一頭栽進忙碌中，他們做到所有該做的，希望葬禮盡量完美，能夠讓死者風光體面下葬。人們需要按照禮制處理各種事情，所以就讓自己放心投入吧，哀悼的過程可以整合內在的情緒。

有些人覺得好像被推著跑，彷彿他們剛結束生命中最可怕的雲霄飛車之旅，結果卻要面對更多事情。他們像是被催促者消化內心感受、處理外在葬禮事務。有時候這種倉促感來自禮制規範，有時候則來自後事規劃，例如決定接駁方式、賓客名單、下榻地點、外燴餐點等等。但無論如何你都可以慢下來，用自己的步調前進。繁複的喪事禮制讓你一層層消化失落，請你盡量不要草草了事，禮制之所以存在是為了讓你尋求意義，提供你管道讓別人看見你心中的痛苦。倉促帶過會讓你失去哀傷的機會。

茱蒂絲希望法蘭克的葬禮盡善盡美，她擬好流程，確定一切到位。葬禮當天她四處穿梭，把所有事情檢查兩到三遍。接待室準備妥當了嗎？外燴料理是否準時抵達？她甚至打了四通電話給外燴業者。後來她的妹妹艾露易絲抵達現場之後，發現茱蒂絲狀況不好。雖然準備葬禮可以助人卻也會讓人迷失。艾露易絲想讓茱蒂絲撇下已完成的事項，卻連一秒也無法和對方獨處。

她做出最後一搏。「這些給賓客的路線指引需要你馬上檢查。」其實她根本不想討論路線，只希望茱蒂絲可以體認到葬禮當天在哀悼過程中的獨特性，也希望她了解籌劃的部分已經結束了。

艾露易絲抓住她的手說：「我知道你非常想要為了法蘭克把一切辦得妥妥當當。一切都會很順利，就算出小狀況我們也應付得過來。真正重要的是，這些人為了法蘭克以及你而齊聚一堂的機會僅限今天。過了這天，你只會見到其中三成，剩下的絕大多數大概此生再也不會相見。他們和你同心哀悼，他們願意用坦白、柔和的態度表達他們對法蘭克的愛，但是都僅限於今天。明天過後當你哀悼他時，大概只剩下自己一個人而已。既然今天你有機會和這麼多人相聚而哀，我不想看見你錯失這個機會。」聽到這些話，茱蒂絲終於停下手邊的工作，轉而專注在葬禮上，和眾人一起哀傷。

許多人會疑惑為什麼其他人步調那麼快，有時候會這樣覺得是因為死亡來得太突然。或許你會急著進行到下一個步驟，急著把事情辦妥，急著做好所有決定。可是你必須跟著感覺走，而不是跟著速度走。沒錯，禮制有其意義，你也有必要照看待辦事項，但你也可以說「我現在需要稍微休息一下，我需要一點時間。」

你可以花時間感受情緒，這時就讓朋友代為幫忙，有人提供協助就別推辭，花時間真切感受一切。要是被問到「你還好嗎？」不要反射回答：「我很好。」你可以說：「我很難過，謝謝你關心。」「我需要幫忙，但我不知道到底哪裡要幫忙。」

很少有人被問到狀況時會說：「我現在還好，請你一個月之後再來關心我。」不過有必要還是可以說。請敞開心胸，接受別人的幫助、支持與愛吧。如果葬禮上有什麼電話要打或任務非由你來做不可，那就做吧。倘若你不想做這種事，就讓朋友或家人來做。

奧立佛的妻子蘿倫過世之後，只要親友約他下班後聚餐他都會答應，朋友約他週六打高爾夫他同意，姐姐約他週日吃早午餐他說好，他讓自己忙個不停，好像總有事情可以做。朋友看到奧立佛精力充沛、積極參加活動的樣子都很開心，沒人懷疑他在假裝。

但是過了一個月之後，奧立佛開始拒絕邀約，擔心的朋友打電話問他：「你為什麼現在都拒絕我們？我老婆說要確認你沒孤立自己，我們都以為你調適得很好。」

奧立佛這樣回答：「一開始我需要時時刻刻都忙碌，但現在我已經夠堅強了，我可以一個人待在家裡什麼也不做。雖然這感覺很像孤立自己，卻正是我放慢步調的時候。」

當你開始覺得可以跟朋友碰面的時候，可以做些你自己感覺合適、而摯愛也會樂見的活動。如果這時你需要支持，可以向家人、朋友、鄰居、醫院員工、禮儀公司、宗教人員請求協助，聽聽他們的建議，選擇受用的部分，不受用的就當耳邊風。你沒辦法讓每個人都滿意，所以要是有人事物讓你感覺不對勁、不尊重摯愛帶來的回憶，別受他們擺布。

請你盡力而為，做不到的就是做不到。需要獨處的時候就獨處，想要有人陪就開口說一聲。

要是想哭，別在意時間和地點，讓眼淚流下吧。

遺物斷捨離

失去摯愛之後，內心世界紛紛擾擾，外在世界也不得閒，你有許多事要做，例如整理摯愛的衣物並且取捨。在這麼多事情中，遺物斷捨離感覺是最困難的，因為一旦開始整理他們的東西，就像正式宣告他們不會回來了。如果他們還在，我們不會整理他們的東西，因為這形同侵犯隱私。等到我們開始收拾他們的眼鏡、鞋子、外套，就不得不正視殘酷的事實。

整理遺物時會掀起極大的情緒波瀾，可能會把你吞沒。在整理過程中，衣物上的氣味還有質料的觸感，都讓我們想起離開的摯愛，想起從前相處的時光，想起他們惹人厭或是討喜的一面。他們的手錶、戒指、首飾等都會讓我們想起他們的穿著打扮和個性。最觸景傷情的是，摯愛的衣物和個人物品被留下來，代表他們已經離開我們的生活了。

等你準備好了再開始整理吧。如果你覺得有人陪比較好，就請你喜歡的朋友和家人一起幫忙整理。如果你沒辦法一件件親手整理，就請家人、朋友代勞。不是每個人都想在摯愛離開後又碰到他們的衣物，而且你可能覺得自己情感不勝負荷。

就算你想要一樣樣慢慢整理，或許你沒有那麼多時間。如果時間緊迫，就做到能力範圍內能做的，並且請人幫忙。如果有幾件物品讓你認為「之後再來整理」較妥，那麼擱置也無妨。

一名女子在喪母後跨州來到母親生前的住處。整理到母親的衣櫃時，她覺得當下還不是時候，所以她將母親的衣服移到行李箱裡。「現在就把她的衣服處理掉還太早。」她把衣服帶回自己家裡。之後等她情緒比較平復、覺得時機已到的時候，她開始慢慢整理，她發現要做的並非只是把衣物分類再送出去，也不僅是整理家裡、看看衣櫃和抽屜裡有什麼剩下的雜物。她整理遺物時，用身體以及非常個人的方式，回想起她重視並深切關懷過的母親。那名女子很慶幸自己有時間慢慢整理母親的遺物，使得母親生前的模樣再次生動浮現於眼前。

要是有親友在你失去摯愛後說：「他們的腳踏車或食譜可以送我嗎？我剛好缺一個。」通常會讓人火冒三丈，因為他們不知道自己開口索取的並非只是一樣物品，也不僅是遺物，而是摯愛非常重要的一部分。每一樣物品背後都有故事和記憶，有些為人所知，有些則否。例如這是他最喜歡、最常穿的西裝，她最喜歡坐在這張椅子上看電視。就連窗邊的小夜燈也有故事，平常遙控器和小說都堆在那裡，突然就變成了醫藥備品放置處。哪怕只是聽到摯愛常聽的音樂，對方的生活點滴也會生動浮現，如此鮮明的情緒風景，或許我們會害怕、想要之後再來接觸。或者剛好相反，你期待音樂引發記憶浮現。遺物斷捨離的過程通常結合了上述兩種心情，狀況因人而異，我們的身分和摯愛的為人會影響整理的過程。

貝蒂是個可愛的老奶奶，她有一雙棕色的大眼睛，臉上掛著笑容，任誰都希望擁有這樣的祖母。她登門拜訪的時候絕對不會兩手空空；換作她當主人的時候，也不會讓客人空手離去。她看到手邊有什麼適合你的小東西就會拿來送你。貝蒂送東西有一套自己的規矩，例如舊衣送回收之前總要先洗過熨過。如果長褲少了鈕釦，她會先補上才送出。如果她送錢包皮夾給別人，裡面一定會放枚一分錢硬幣祈求好運。

貝蒂的兒子葛瑞格和媳婦妮可開玩笑說，貝蒂的一分錢造就了許多大富翁。自從妮可的母親在五年前去世後，婆婆貝蒂變得更像母親。貝蒂跟妮可說，只要撿到一分錢，就代表天上有人在想她。如果問她這說法是從哪裡來的，她可能會唱起〈Pennies from Heaven〉這首歌[4]。每當婆媳一起撿到一分錢，貝蒂總對妮可說：「這是你母親在想你，媽媽到了天上還是媽媽，繼續守護著孩子。」

後來貝蒂過世了。葛瑞格和妮可整理她家，將不要的東西送給慈善機構。其實這差事做起來並不輕鬆，因為夫妻倆認為在捐贈前有必要好好整理物品，讓它們看起來盡善盡美。葛瑞格發現決定母親遺物的去留真的很困難。他在母親的衣櫃裡發現一只鱷魚皮錢包，是妮可送她的生日禮物。他記得妮可曾說過錢包很可愛，貝蒂一定會喜歡。葛瑞格決定把錢包留

---

4 譯註：中文歌名〈天外横財〉。

下來送給妮可。

整理完貝蒂的其他物品之後，葛瑞格特別花功夫清潔那只鱷魚皮錢包。他把包包的開口朝下，伸手進去擦了個乾乾淨淨，擦完之後整個錢包煥然一新。最後收尾時他將一分錢硬幣放入空無一物的鑰匙小夾層中，再將錢包放進盒子裡用包裝紙包好，再打一個蝴蝶結。

葛瑞格將鱷魚皮錢包藏好，等待妮可下次生日到來。幾個月之後到了生日當天，他送給妮可一條美麗的項鍊，妮可淚眼汪汪地說起她非常想念自己的母親。她說：「我想你和我的母親都在天上想著我們吧。」

葛瑞格突然想起藏起來的鱷魚皮錢包。「等我一下，」他說：「還有一樣禮物要送你。」他把禮物盒交給她，然後說：「媽媽會希望你收下這份禮物吧。」

妮可發現裡面是錢包後非常開心，還馬上指出葛瑞格在鑰匙夾層裡放了兩枚一分錢硬幣。他嚇得臉色發白。「我只放了一分錢，」他說：「你不知道我擦這個錢包擦得多用心，還檢查過裡裡外外。我可以百分之百確認，在我放錢進去之前，錢包裡什麼也沒有。」

妮可握住葛瑞格的手說：「你媽媽撿到一分錢的時候總會跟我說，那代表我媽媽在天上想著我。我想現在她想讓我們知道，你我的母親都在天上看顧著我們吧。」

整理摯愛留下的衣物和個人物品能推進哀傷的過程，或多或少是因為斷捨離的過程能幫助我們面對現實。將他們的衣物送給買不下手的人看似只是隨手之舉，卻能讓摯愛過世後持續對世界產生正面影響。他們留下的餐具組、瓷器組或許可以代代相傳。你可以留下母親最喜歡的圍巾、你丈夫最喜歡的領帶當作紀念品，讓你回想起跟他們相處時，在心裡想起他們時，永不消失的特殊感受。

節日

「節日該和心愛的人度過」這句話自我們幼時就深深刻在心版上。每個家庭都有自己的傳統，用家人獨有的方式慶祝節日。等我們長大成人會繼承慶祝方式並且稍加改變，但是原本的過節形式依然代代相傳。

節日標注了時間的流逝，是我們都能理解的時間座標，通常代表與家人共同度過的時光。節日讓日曆上的某幾格產生意義，我們反過來賦予那些日子更深的意涵。但也因為節日被預設要和深愛的人度過，所以要是摯愛已經離世，該如何過節？很多人都覺得節日是哀傷過程中最難度過的日子，這時我們對於摯愛的思念更甚以往。

其他人歡慶相聚，而你卻孤單一人，該如何是好？重要他者的離去使你的世界失去了值得慶祝的元素，節日的到來更加放大了你的孤獨。哀傷把你傷得越來越重，孤寂越顯深沉。節日可能是你最需要尋求協助的時候。

所以有些人乾脆跳過這一天，假裝節日並不存在。至親過世以後，過節徒具形式，感覺很沒意義，簡直比寂寞還寂寞，不如就假裝今年沒有這個節日吧。

演員安東尼．柏金斯過世時，他的遺孀貝瑞知道必須給正值青春期的兒子們空間釋放哀傷。在丈夫過世後，貝瑞母子就和其他家庭一樣，想要重拾生活。值得慶幸的是貝瑞順從直覺，她察覺到家裡氣氛不對勁，家人需要時間消化哀傷。

她說：「節日對我們家意義重大，但現在彷彿一個天坑出現在家中。每當節日到來宛如炸彈落下炸出一個洞，讓我們想到安東尼已經走了的坑洞。我們想要重溫過節的滋味，本以為能像從前那樣度過，結果很快就發現複製過去模式是行不通的，因為安東尼不在了。滋味太難受，又哀傷。

「第一年聖誕節算是馬馬虎虎過了，因為我們心想『好，就把這個節日度過去吧。』到了第二年聖誕節，樹被立起來了，但是樹上裝飾卻花了一週也搞不定。其實我們需要的是光明正大哀悼，不在哀傷時假裝開心。後來家人決定接下來幾年不過聖誕節，等我們準備好了，就會創造出新的過節方式。」

貝瑞知道當她和孩子尚未脫離哀傷，不用強顏歡笑慶祝節日。她也知道暫時不過節最適合他們，她教導孩子認識自己的情緒。貝瑞和家人度過這段療癒的時間後，他們終於能夠再度歡慶節日。儘管和從前不同，但他們現在找到新方法了。

貝瑞充滿智慧，結果卻因為搭上被挾持的客機死於九一一事件，命運真是殘酷。希望她帶給兒子們的教誨，可助他們度過第二次悲劇。

同樣是面對哀傷，有些人認為慶祝節日象徵生命的延續，節日讓他們跟其他重要的人相聚，驅散孤單的感覺。他們認為節日帶給他們意義，這是一段回顧失去的時間。

有些人覺得不從俗過節很困難，但又不想假裝自己過節時十分快樂，其實你可以特別撥出一段時間、找一個地點，帶著心中的失落過節。例如你可在晚餐前為離去的摯愛禱告，或者替她點一根蠟燭。一個紀念摯愛的小小舉動，可以顯示出你的心裡依然有對方。有些人選擇提早告退，用獨處時光面對心中的失落。你要找時間面對失落，看見情緒通常會好過抗拒。

有時候摯愛的忌日與節日重疊，我們會想起他們在情人節、母親節、父親節之前過世。我們永遠也忘不了，一過完復活節他們就過世了，又或者他們過完最後一次的逾越節就走了。或許他們離別的日子很接近美國國慶日，諸如此類，導致從此以後過節的氣氛永遠都不一樣了。節慶是時節的標記，就算摯愛離去的時候並沒有碰上任何節日，但當你回首他們最後的日子，還是不禁想起：啊，那就是他們最後一次過感恩節、聖誕節了。有些人已有預感那是他們最後一次過節，有些人渾然無感。不管是否感覺到死亡的預感，之前歡樂的節日已經變成了感傷的時節。

母親被腎病宿疾困擾多年的艾美在十六歲跨年前夕走進母親房裡，祝她新年快樂。她對母親低聲說：「祝你今年就能得到移植機會。」結果四天後母親就過世了。要是母親還活著，不知道每年跨年時艾美是否會想起她；不過母親這一走，跨年從此和母親之死永遠相連了。

你可在節日重新審視你過節的習慣，決定哪些要繼續留下。有些人只會暫時改變過節習慣，有些人則是在改變後一去不復返。例如瑪麗總是在過節時，把她跟丈夫最近度假的相片做成卡片寄出去。丈夫過世後她不想要再這樣做。而且仔細想想，她發現她不喜歡這種過節方式。幾年以前這樣做還算有趣，不過早在丈夫過世前她就覺得寄照片不好玩了。對瑪麗而言，失去親人讓她有機會擺脫失去意義的節日傳統。

其他人則把節日當作徹底重新安排的機會。例如五十出頭的喬伊絲老師說在丈夫過世之後，她用比較低調的方式重拾過節習慣。她說：「我決定要把哀傷當成一個機會，讓我仔細審視哪些節日習慣是我喜歡的，哪些則否。如果要我重新開始過節，我知道已經回不去從前的方式了。或許往後會是我第一次用自己的方式來過節。」

哀傷階段的節日慶祝方式沒有一定的模式。總之你要找到適合自己的方式然後放手去做，而且你完全可以不斷推翻之前的想法，反反覆覆也無所謂。親友可能會不知道往後怎麼幫你過節，或許你自己也不知道。不過要是你知道，就跟身邊的人清楚說明。例如你可以說：「今年我不想再幫全家人做年夜飯了。」或者你會認為繼續承擔這責任很重要，無論你做了什麼決定，記得讓別人知道。例如或許你還是想聊聊摯愛的事，又或者你覺得情感還很濃烈所以不想多談，記得都要跟別人說。別害怕為了符合自己的需求而做出改變，節日往往是大家最願意跳脫日常的時候。你可以趁機讓人明白你的需求。

許多人面對人生劇變，需要的反而是節慶召喚的熟悉感。例如喪妻的比爾認為，妻子在生前為他倆準備的聖誕節充滿了氣氛，但在她死後那種氛圍蕩然無存。他認為要是自己仿效她只會讓感覺更糟，所以他利用聖誕假期前往阿拉斯加旅遊。他說：「我需要改變環境，而且我一直想去阿拉斯加。雖然家裡少了妻子，我沒辦法度過聖誕節和新年，但我覺得自己應該有能力去新地方冒險吧。」

要是你覺得從此以後再也不想過節了，這很自然。往後的節日當然會變得永遠不同，但是隨著時間過去，大部分的人還是可以藉由體認到傳統中萌生的另一種節日精神，再度發現其中的過節意義。

若摯愛在假期前夕離開，你會感覺那個假期永遠無法結束。吉娜的母親把要送給家人的禮物放在聖誕樹底下，結果十二月二十二日那天吉娜接到一通電話：母親嚴重中風。兩週以後母親過世，全家人碰都沒碰的聖誕樹和禮物像廢墟一般靜靜矗立著。

過完新年以後，家人帶著肅穆的心情拆開要送給彼此的禮物，但是母親準備的禮物該怎麼辦呢？因為沒有人知道，所以禮物還是擺在原地。吉娜在一月時幫父親整理母親的個人物品，要留下來的東西整理好了，但她不准任何人去碰聖誕樹和禮物。她說：「我的聖誕節被凍結了。拆禮物太令人難受，而且我現在也不知道該如何處理送給母親的禮物。」

一月底，吉娜拆掉聖誕樹，禮物則是拿去角落堆著。她和父親都覺得那堆禮物從外觀和感覺上，都像是沒刻名字的墓碑，於是父親幫她把禮物收進櫃子裡。隔年聖誕節，吉娜走出了母親驟逝的震驚，心理做好準備要拆開母親送她的禮物。拆禮物的過程中，她感覺到母親的存在、自己的存在。父親也拆開了原先要送給妻子的禮物，還說要是她能看到一定會很喜歡。

就算你打算在摯愛離去後不過節，也很難忽略節日。身邊的每個人都祝你佳節愉快，渾然不知你內心的哀傷。不管你內心的哀傷有多深沉，他們還是要過節。你帶著摯愛離去後形成的巨大空洞繼續活著。

每當感恩節、聖誕節、光明節等節日即將到來，我們就會感到一陣激烈心痛，但我們卻不知道要是失去父母，父親節、母親節該有多麼空洞。每個人都只有一個生母、一個生父，失去了就沒有了。每當父母親節到來，你就會覺得自己跟別人不一樣，完全被慶祝的氛圍排除。人們會在父母去世多年以後用自己的方式追思他們，例如讓自己也成為父母，有些人僅是懷著柔慈、單純的愛意追思父母。這就是失去父母與失去其他摯愛親人的不同之處。

羅伯和辛蒂失去十七歲的兒子，之後他們無法面對節日，他們心知接下來幾年大概都會很難過節，所以決定將節慶的時光奉獻給其他人。例如他們會在感恩節去當地的街友庇護中心幫忙準備晚餐，至於聖誕節則是到中途之家包裝禮物。到頭來，改變過節方式所產生的效果遠超過他們所能想像，為他人服務讓他們減輕了喪子之痛，看見並非只有自己遭遇不幸和經歷心碎。

走出喪親之痛的過程中，節日或許是最難過的一段。雖然每人面對節日的方式都不同，但同樣重要的是，不管節日能否接住我們心中的失落，我們都和有形無形的失落同在。在這段需要全心感受的旅途中，節慶只是一部分，雖然過節通常會讓你很難過，但有時候你會意外發現，某次過節竟可安然度過，甚至還能暫且發出歡笑。不管你心中有什麼體會，只要記得一件事，你是可以傷心的。死亡無所不在，連假期也不能倖免。

平常過節親友們往往自以為是，指揮我們節日要怎麼過，身為家人該做什麼、不該做什麼。

所以現在失去摯愛的你更應該善待自己、保護自己。

任何你不想做的事情，任何無助於靈魂、無法撫平失落感的事情，都不要做。

寫信

哀傷必須表現出來。心中的痛苦和哀傷唯有在獲得釋放時才能被完全理解。很多人都認為寫信給摯愛不失為方便且永遠暢通的管道，寫信讓生死兩方得以用文字進行溝通。但是這種溝通似乎不會有回音，那麼你該寫什麼？為什麼還要寫？

打從有史以來，文字幫助人類留下「這裡曾經有人存在」的痕跡。從保存歷史的角度來看，記錄事件以及表明身分至關重要。某些年代久遠的文字紀錄當初之所以產生，或許是為了和當地人傳遞訊息，甚至不排除和未來世代連繫的可能。這些文字總是起源於渴求連結。然而正是在深度連結斷裂時，渴求連結的心情來到頂點。

每當艾美利亞發現自己強烈思念著姐姐莉蒂亞時，就會停下手邊的事情寫信給她。有時候可能只是便箋上短短的一句話，有時長達五頁信紙。信寫著寫著，不知不覺助她來回度過哀傷五階段。一開始的內容傳達出她抗拒接受現實的態度，她提到自己難以相信莉蒂亞已經離開了，她總覺得對方一定只是去遠方度長假。

她在信中痛罵洩憤。「你知道你離開以後我生活變成怎樣嗎？你知道你留我一個人，我有多生氣嗎？」艾美利亞還提到，一想到姐妹倆沒辦法一起變老，她有多麼憂鬱，她也不住回想起莉蒂亞接受治療時，有過那麼多的「要是當初」關頭。寫了那麼多信，艾美利亞終究寫到了一個盡頭，她了解到莉蒂亞真正離開、不會再回來了。最後她寫道，到頭來她還是接受了姐姐的死亡，但是她完全不喜歡她所接受的內容。

對她而言，寫信不只讓她看見她失去了什麼，信件也是哀傷的化身，寫信是最適合她宣洩的出口，推動她走過哀傷的階段。她用紙筆記錄這趟旅程，多年以後透過文字，很容易就能複習她的哀傷與療癒。文字是永恆的見證人，記錄了她所有感受與失去，留下痛苦與療癒的足跡。

覺得自己在世上無所依靠的時候，文字發揮了忠實的陪伴功能，助我們度過寂寞。許多人在失親之後開始書寫感受，有些人用日記專門抒發哀傷的感受，不用擔心別人看到會有什麼反應。不管是哪一種書寫，都能顯露我們的內心。鬼打牆的兜圈想法透過鍵盤滑鼠或白紙黑字，找到現身的出口。很多人認為書寫帶來的療癒大於口述，因為未能說出口的療癒可以透過寫日記顯現。你可以在寫作中找到無法以其他形式呈現的自己的聲音，更可透過寫信完成未了心願。

人心裡總是充塞著林林總總的回憶、感受，懷抱著希望、夢想，未能說出口的故事、見解，按捺的反應和問題其實都想要被宣洩出來，都想要找到位置安放，文字賦予它們表達的力量。

文字讓我們跟親人溝通，畢竟人和人之間總是有那麼多話未能說出。身為專家，我們相信死亡不代表生死兩界的溝通從此斷裂。如果你心裡想說什麼，對方總能感受到。通常人們總是等到親人離開後才動筆寫信，你可以寫自己現在過得如何，有多麼想念他們。假使你到了遠方，無法經常去墳前悼念，就讓信件代替你發聲吧。要是你到了那裡會說些什麼呢？在信中寫下吧。或許當你可以真正成行時，會發現自己已經寫了厚厚一疊信，而那些信其實都是寫給自己的。

或許重讀你們之間的信件、卡片會帶給你慰藉。信件是摸得到的證據，信件具有神奇的力量，讓我們在讀信時看見親人坐下來花時間一筆一畫寫字，被他們寫過的紙張就握在我們的手中。信件具有撫慰人心的力量，在寫信者死後繼續存在。某人曾經真實活過的證據，就保存在他們的筆跡之中。

書寫是為了表達，不過有時候也可以尋求解答。不過既然親人已經離去，要怎麼從他們那裡問出答案呢？我們發現有一個特殊書寫方式，可以讓你寫出有趣的內容，那就是先用慣用手寫信給離開的親人，再假裝自己是對方回信，這時請改用另一隻手在空白信紙上寫信。如果你是右撇子，回信給自己時就用左手。

自從母親過世之後，瑪莉安無比想念她。瑪莉安本人是大型教育機構的品牌策略規劃師，她很懷念從前母女倆在週日小聚的習慣，也是她越來越離不開的每週慣例。後來瑪莉安決定用右手寫信給離開的母親，再用左手假裝是母親來回信，看看能否得到什麼回音。

瑪莉安在第一封信寫到她很懷念母女的談話時光、她現在工作多忙、事情進展有多順利。雖然事業順遂，她還是感覺空虛得可怕。最後她寫道，媽媽現在沒有病痛，總算解脫了。

雖然瑪莉安有點懷疑左右手寫信法的效果，但她認為反正自己寫信時一片真心，沒效也沒什麼損失。當她開始用左手回信時竟然寫得很順，讓她嚇了一跳。母親說自己現在很好，要瑪莉安放心，她還說很想念女兒。「我也很想念週日相聚的時光，我們聊天真的很棒。不過我喜歡這段時光還有其他原因。你總是不注重飲食，週日聚會至少能讓我看見你好好吃一頓。你最近都吃不好。」

這樣的內容讓瑪莉安震驚不已，她相信這的確是母親在說話。母親過去總是煮飯給瑪莉安吃，確認女兒吃對了食物。收到回信之後，瑪莉安的寂寞少了幾分，因為她感受到母親總還是存在的。她保留寫信的習慣，每當她想念母親時就會寫信。

許多人透過寫信得到慰藉，儘管我們並不清楚背後究竟有什麼機制發揮作用。尼爾和米雪兒夫妻倆自從失去剛滿八歲的兒子麥斯之後，陷入深沉的哀傷中。米雪兒決定用左右手寫信法跟麥斯溝通。她邊寫邊哭，說她很遺憾兒子無法擁有完整的人生，許多經驗他永遠沒機會體驗到了。

麥斯在回信中寫道，雖然說起來應該很難理解，不過他的時間就是到了。麥斯向母親保證，未來母子一定還會相見，而且他現在感覺好多了。他還說必須要等到多年以後，母親才會理解現在失去他代表什麼。麥斯說母親以後會有更多孩子，這也是他樂見的。其實「以後還會有孩子」這件事他說了許多遍。

這種內容沒有讓米雪兒得到想像中的慰藉，雖然聽到兒子說現在自己很好的確是個好消息，但是提到往後會有孩子稍顯太早，更何況還是「好幾個」。不料幾天之後，米雪兒發現經期沒有報到，她在家裡驗孕之後，震驚地發現自己懷孕了。

兒子過世沒多久就懷孕，她不知道心裡該如何調適，只是跟醫生約好要做產檢。接下來幾天她和丈夫的話題都繞著這個孩子打轉，夫妻倆同意這孩子來得時機不好，距離麥斯過世太近了。米雪兒這時已經忘了回信的事，直到醫生宣布她懷上雙胞胎時，她才想起信中話語。

「我準備好了，」她突然露出笑臉。「我知道我準備好了。」

尼爾不能理解她為何能夠如此平靜。等到他倆回家後，她拿出麥斯的回信，他讀到信中那句「更多孩子」。

當然你可以說米雪兒潛意識知道自己懷上雙胞胎，那封信透露出的其實不是麥斯的心聲，而是她自己的。

不過重點是寫信帶給她心理慰藉。到頭來，其實所有人想要的不過是份心安罷了。

經濟狀況

通常大家不想公開談論自己的經濟狀況，但既然金錢在你生前扮演重要角色，死後也不會改變。雖然錢財不會隨著親人過世而消失，卻可能會導致局面變得複雜——錢太多太少都是問題，親人離開後你是否準備好處理自己的經濟狀況也是一個因素。此外，被經濟狀況引發的情緒也會讓狀況變得更加棘手。不過事實上，錢只是一種中立的工具，沒有優劣之分。我們面對金錢的心情好壞，取決於理財方式以及對於金錢的觀感。

艾倫和佩姬從來未曾擁有體面生活。艾倫是油漆工，夢想成為藝術家。他在二十幾歲時參加社區大學的義大利藝術大師課程，因此結識授課講師佩姬。兩人陷入愛河後很快成婚，雖然身邊有許多親友度蜜月時選擇就近去賭城省錢，他倆卻夢想去義大利佛羅倫斯參觀藝廊，不過必須努力存錢才能成行。

他倆才二十出頭就生了第一個孩子，接著第二胎、第三胎接連出生。養孩子多花錢啊，很快他們又要應付養房的開銷、生活雜支等等。艾倫忙著工作，雖然義大利之行看似遙不可及，但他們總記得這個旅行夢。

等到夫妻倆邁入中年，孩子們陸續進入青春期，這時他們替孩子存夠了未來的大學學費，延宕已久的蜜月旅行基金也存了一半，旅行夢卻在這時破碎。某天艾倫的朋友來到佩姬家，請她先坐下再說話：原來艾倫從三層樓高的鷹架上跌下來折斷頸部，當場死亡。

失去了丈夫、失去了共同的夢想，佩姬整個人幾近崩潰，但是艾倫的老闆卻告訴佩姬公司有替艾倫保險，她是受益人，而且因為艾倫死於意外，她可以拿到雙倍理賠金。於是佩姬搖身一變為貴婦，只要她想，隨時可以飛去佛羅倫斯，但是艾倫不會陪她去了，這是多麼地諷刺呀。

從前想要一起做的事情、一起懷抱的夢想，現在都不可能實現了，佩姬不得不為此哀悼。讓她更加百感交集的是每當她動用那筆錢時，無論是為了什麼她都感到無比愧疚。唯有透過丈夫的死，她才能擺脫拮据人生換取財富自由，多麼諷刺、多麼悲情。

大多數人都想要更有錢，但是用死亡換來的錢財會讓人感到複雜。我們可能會覺得那筆錢代表親人對我們的關愛和保護，但也會覺得金錢沾染了鮮血。失去親人換來的錢財，花起來真的很難過。

這時人們設法讓自己接受這狀況。有些人永遠不動這筆錢，有些人盡快花掉，有些人則投入慈善事業。他們體認到一夕之間致富固然感覺很好，但是並不足以彌補他們的失去。但是不管你會得到一筆鉅款或僅能支付日常開銷的小錢，許多人其實都沒想好要如何動用這筆錢。

雷馬家中的財務向來由他處理，他過世之後，遺孀漢娜連支票怎麼開都不會。她還在消化哀傷的期間，不想去碰存款、支票、帳單自動扣繳等瑣事。她說：「我不知道自己在做什麼，自動扣繳一點都不自動。上次我去銀行處理帳務，兌現了一張支票，又開了另一張來支付房租和電費。結果現在收到通知說『自動扣繳並未扣款，金額已退回』。我完全看不懂這在說什麼。」

要是家中財政全交給一個人負責，就會經常發生像漢娜這樣的情況。不管理財對你來說是簡單或困難，只要不熟悉就會讓你在失去親人後更難受，讓你需要更長時間才能走出哀傷。就算是家中的財政大臣，也有很多人在分享中提到失去親人後理財變得更辛苦，他們在金錢的世界裡變得更加孤立。要是他們把帳搞糊塗了，至少在過去會有人跟他一起承擔。現在只剩下他們自己，一切都由他們決定了。

梅格和羅癌的丈夫達爾下定決心要一起對抗癌症，雖然社區醫院對達爾的預後並不樂觀，夫妻倆還是決定前往紐約的知名抗癌診所求醫。達爾接受了兩個月的治療，所費不貲。錢花完以後又去墨西哥採用另類療法，總之他們絕不放棄。夫妻倆甚至還拿達爾的保單借貸，希望能挽回他的性命，最後還是回天乏術。

達爾過世時梅格幾乎沒剩下半分錢，只能借錢舉辦葬禮並且宣告破產。她的哀傷因破產的結局變得更加複雜，而且她失去了丈夫和所有資源。但她可以放心了，她知道自己為了達爾付出了一切，沒有半點遺憾。

死亡讓人省思哪些東西錢買不到，也會讓人學到致富究竟代表什麼。我們會發現，不管有多少錢，都無法取代至親的性命。

打從跟傑森走入婚姻，蘇塞特就知道公婆都不喜歡她。他們希望身為證券經紀人的兒子能找到財力相當的對象，但蘇塞特只是家境尚可的老師。不過接下來二十二年家人相處自在，有時甚至說得上融洽，所以蘇塞特認為公婆總算認可她了。

傑森中風後，蘇塞特辭去教職照顧他。兩年後傑森過世，葬禮結束後蘇塞特回老家一週和家人聚聚。當她回到她和傑森的家，卻發現家具幾乎都被搬空了，連窗簾也被拿走。她報警處理，這時婆婆拿著信託說明書出現。

「這裡大部分物品屬於家族祖傳，」婆婆說：「不過剩下的你可以拿走。」

「哪有什麼剩下的？」蘇塞特反問：「你連我跟他睡了大半輩子的床都搬走。」

「沒錯，」婆婆一副公事公辦的口吻。「那是很貴重的古董，是家族財產。」

蘇塞特一直以為他們是一家人，現在她不僅失去了丈夫，還被長久以來視為家人的婆家背叛。她這才發現原來這些年，公婆對她的觀感始終沒變。之後幾年她打官司對抗那紙信託契約。我們聽過許多類似的故事，像是葬禮細節尚未敲定，就有人衝進病房宣讀遺囑、分配財產，真是非常無情。

我們可以在哀傷的時候，藉由一切歸零的機會，找回完整的自己。然而這段期間財務狀況卻會妨礙你感受哀傷的機會，我們建議最好暫且擱置那些問題，專注在自身療癒上。不過我們也知道這建議並不實際，而且財務問題真的很難放手不管，因為錢不僅是錢，也代表了家庭、人際連結，以及你在這時期的傷痛。再者，錢代表了生存資源，如果不確定能否付出下個月房租，實在很難專心哀悼。不過若你想要得到療癒，一定要先進入哀傷而柔弱的哀傷狀態。因此無論如何要是為了錢讓自己陷入防衛性姿態，會難以開啟前述的柔弱狀態。

決定貧富的並非金錢而是心態，很多人雖然沒錢但心頭寬裕，而有錢人卻感到心靈匱乏。死亡會全盤翻轉我們的觀念。死到臨頭，我們勢必得重新檢視自己的價值，思考生命中最重要的是什麼。

年齡

我們經常用壽命計算自己存在於世間的長短。如果你的摯愛年紀輕輕就過世，你會覺得對方離開得太早，他們沒有嘗遍人生的滋味。如果壯年辭世，你會遺憾她沒能看到自己抵達人生巔峰，遺憾他沒能展開理想的退休生活。如果離開的是長輩，或許他們已經度過了漫長的一生，但旁人總覺得他們還可以再活久一點。有些人覺得活到長壽才算人生圓滿，或許他們會活到九十八歲，但是晚年卻毫無生活品質可言。不管過世時死者幾歲，可以想見難免都會引發各種感受。

在八〇年代初期，兒童醫院的囊狀纖維化（Cystic Fibrosis）病房收治的病患平均只能活到十六歲，這還算是幸運的。看著這些孩子，很容易就脫口而出：「他們少活了六十年，真是哀傷。」但是患者早知道現實就是如此。他們從小便了然於心，盡量把生命活得完整，有些人甚至十二歲就結婚。如果你知道自己可能會在十六歲離開人世，早婚是合理的。他們在成長過程中學會了現實的殘酷：人生只有兩件事，那就是生與死。於是他們盡力在自己有限的年歲中體驗生命。

至於其他人還需要其他事情才覺得人生完整，我們需要上大學、工作、結婚，需要組織家庭、買車、度假，還需要退休生活、含飴弄孫、度過老年。缺少了任何一項，多數人都會覺得非常悲慘，也認為不管一個人活了多久，不管生命多完整，只要死了都會讓人覺得命不該絕。

影響你消化哀傷的不只有死者的年齡，你的年齡也是一個考量。通常要是活得越久，就會承受更多失去而累積經驗，這點無庸置疑。雖然很多人馬齒徒長，不過隨著年歲增長，通常人會累積更多經驗，懂得尋找支援系統，學到解決問題的技巧，情緒變得更成熟，這些都是年輕時的你沒有的。

年輕人哀傷的方式和老年人不同。這背後原因很多，例如年輕人面前還有大好人生，他們在面對死亡之後，還要回去上學、工作，或許還要照顧孩子。年輕人要重回死亡以外的世界，因為他們還有許多要體驗，還有人生等著要建構。

蓓琪的妹妹就讀大學時過世，讓蓓琪悲痛不已。她覺得自己的世界瓦解了，但她還是繼續活下去。妹妹原本應該何時畢業、未來可能做些什麼，這些問題總讓蓓琪掛念。

蓓琪畢業後開始工作，之後結婚生子。等到女兒就讀大學且來到二十一歲的年紀，蓓琪對於妹妹之死的看法變了。「我突然發現妹妹走時多麼年輕，」她說：「她的死亡產生多大的波動。現在女兒年紀跟她一樣，改變了我看過去的視角。年輕的我雖然哀傷，卻沒有完整進入哀傷的核心，當時的我不知道妹妹走了以後，我這輩子不會再有第二個妹妹了。我做過的事她都沒機會做了，她不會工作、不會結婚、不會有孩子。

「我在二十幾歲時怎麼會了解這些事呢？死亡真的讓人很痛，但我不知道我雖然痛了，卻僅接觸到哀傷的表面。那時我只看到自己失去了什麼，沒看到她失去什麼。現在我五十多歲，才意識到妹妹離開時那麼年輕。說起來，她走了也快三十年了。」

死者家屬若已屆退休之齡，會有比較多時間思考他們失去了什麼。到這年紀比較不想重新跟世界接軌，因為覺得自己已經見識夠多、該做的也都做了。眼前剩下的年歲或許不多，所以他們比較不急著用新體驗來填滿剩下的時間。他們很有可能會陷入憂鬱，也有些人會因為看到他人死亡而珍惜自己所擁有的，然後感到知足。

臨終者面對死亡的態度會影響我們面對哀傷的心態。七十九歲的布萊兒要過世前，女兒問她：「媽，你會怕嗎？」

「多年以前可能會怕，」她跟女兒說：「但現在我認識的人之中，過世的比活著的還多。我大部分朋友都過世了。我想要是人死了等於一切都結束，那麼我死後也不用特別面對什麼。不過要是人死了以後還有死後的世界，我就會在那裡看到我愛過的人、我想念的人，不管我死後去哪裡，都不會是一個人。我也知道我走了以後，總有一天會再看見你。」

雖然布萊兒心情哀傷，還是幫助女兒面對母親的臨終，讓女兒在這時感到寬慰。女兒可以想像母親在死後看到外公外婆，看到其他先走一步的親戚和朋友。年紀越大越不怕死，我們面對死亡的恐懼逐漸被取代為與先人團圓的盼望，這般心境或多或少能讓身邊的人有所感應，帶給他們安慰。

摯愛在二、三十歲過世，我們不僅為了死者難過，也為了他們未曾圓滿的年歲、為了已經不可能做到的事情而遺憾，心裡甚至還有一種被作弄的感受。不過要是離開的是功德圓滿的長輩，我們心裡通常會比較好受。高齡過世且好走讓我們覺得這才是理想的人生，事情就該如此發展。例如前美國總統雷根和甘迺迪之死，帶給人民的感受截然不同，因為前者高齡辭世，而後者遇刺身亡。如果他不是中彈身亡而是活到八十七歲才因病過世，我們心裡還是會感到失落，但不會閃過英年早逝的心痛惋惜。

增長的年歲讓我們在面對哀傷時得到緩衝、做好心理準備，幫助我們消化失落的感受。至於年輕（無論死者或家屬）則會讓哀傷的心情更顯複雜，因為我們會覺得一切真的太不公平了。我們篤信人到老年才走向死亡，正因如此，隨著年紀增加才看得見哀傷的其他面向。

圓滿結束

根據字典，圓滿結束（closure）一詞被定義為「關閉、呈現被關上的狀態；收尾；下結論」。以完形心理學派的定義而言，closure是「傾向創造有秩序且令人滿意的整體」。

從字源來看，closure來自古拉丁文，意指「關閉兩物之間的縫隙」，或指圈地以設下房屋界線，不去打擾鄰居。在現代社會中，鄰居被我們的哀傷打擾，他們過來安慰，希望我們的心情得到療癒，這樣才不會掀起他們自己的哀傷。這樣一來，closure就變成了一般人理解的：「替殘局收尾」。遇到重大事件，現代人總是被迫提早結束，從職場到親密關係，甚至連親人過世都只能草草收尾。然而在心中的失落感乃至於摯愛離開後在哀傷過程中得到復原機會的同時，要理解到此過程涉及反覆的重整及療癒，這麼一來收尾談何容易？

哀傷該如何圓滿結束，通常會有兩種想法。第一，我們一廂情願認為，失親之後會產生一種永遠不會改變的體悟，但是這種不切實際的心態會造成心理負擔，一來影響你哀悼以及哀傷的心情，二來反而讓你想收尾卻收不了，讓你欲速則不達。

第二，你可以做一些有助於你「看見失去」的事情，像是重新審視事發經過和緣由，或是思考哪些狀況不夠清楚，把空白的部分補上。例如找出殺害摯愛的凶手，或是和久病離世的摯愛道別。

強尼的生日派對總是熱熱鬧鬧，主要是因為他母親的兩位摯友的孩子也是七月壽星，每年此時他們都會一起慶生，家長和孩子們都喜歡這樣。三個孩子的家長知道，再過一年孩子們應該會想要分開慶生，但現在這樣大家都覺得很不錯。

某年七月，天氣特別燠熱，大家決定舉辦泳池慶生派對。現場擠滿小孩，他們忙著潑水、狂歡、尖叫、胡鬧。五歲的壽星強尼這時用左腳探進池子，順著池邊臺階一步一步安靜走下去，最後完全沒入水中。幾分鐘以後，他的母親關雯發現兒子失去蹤影，狂亂的她立刻要泳池裡所有人上岸。結果強尼被發現躺在池底，已經沒了呼吸，急救人員來了也回天乏術。關雯在旁邊不停反覆說著：「我人就在這裡，什麼都沒聽到，他完全沒有呼救。」急救人員解釋成人溺水會求救，但是孩子溺水時通常是不作聲的，他們連該做什麼自保都不知道就默默沉了下去。

強尼過世之後三年來，關雯跟當天在派對現場的人重述當時狀況。他們安慰關雯她不是失格母親，一切都發生得太快了。不過關雯到了第五年還在講這件事，朋友們都覺得她應該要讓這一切畫下句點了。

但是關雯難以理解他們的想法。「這麼可怕的事情，我要怎麼畫下句點？我每天早上醒來都會想『現在強尼應該十歲，應該要讀四年級了。』我該怎麼做才能讓這一切沉澱下來？我愛了這個孩子五年，我夠格悼念他幾年？他死於意外，能夠讓我再多悼念幾年嗎？」

如果離開的人是像強尼那樣的小小孩，我們通常會把哀傷五階段想得太簡單，誤以為面對傷痛的人會先經過半年的拒絕承認階段，接下來幾個月在憤怒和憂鬱中度過，之後進入交易階段，最後但願他們能進入接受狀態，在這裡讓事情「圓滿結束」。事實上這些階段並不像待做清單那樣可以做一項刪一項。真實人生和真正的哀傷，從來不會是整齊又潔淨的，而且許多人認為在孩子離開後，哀傷沒有真正結束的一天。

絕對不會有什麼事能讓關雯做了之後就把孩子留在過去。強尼永遠不會像搬家那樣離開母親，他永遠都會是關雯的一部分，永遠住在母親的心裡，因此圓滿結束的想像其實並不實際。兒子死了，母親活了下來，她身邊雖然還有丈夫和其他孩子，但她永遠不會把通往強尼的那扇門關上。關雯發現她會帶著永遠缺了一角的心活下來。她發現她只能接受一個現實，那就是死亡的確發生了，之後她要想盡辦法帶著這件事活下來。對關雯而言，兒子的死沒有圓滿結束的一天。

如果我們把圓滿結束詮釋為「採取行動，讓自己看見失去」，將能有效幫助自己填補空缺。瑪麗接到電話，得知五十歲的丈夫心臟病發作驟然過世，她震驚無比。她同意進行屍體解剖，過了幾個月後，她下定決心鑽研驗屍報告，仔細研究每一條細節，遇到不認識的字和醫學詞彙就查字典。她的朋友都不明白她怎麼會變得如此「變態」。

「了解事發經過，」瑪莉說：「得以填補空白。『怎麼發生的、為什麼發生』這些問題都有了答案。其實我做什麼都不能讓他回來，但現在了解他身體循環系統有什麼問題之後，我終於有一種事情了結的感覺，現在可以回頭處理我自己的心情了。」

家屬為了了解事發經過而要求驗屍其實並不罕見。換作是摯愛遭到殺害的狀況，通常兇手尚未被逮捕歸案之前，家屬不會安心。有時甚至連兇手落網，家屬還是覺得事情還沒結束。

有些人將心中的悲痛化為動力，幫助他人。例如坎蒂・萊特納（Candy Lightner）的孩子死於酒駕意外，她轉化心中的憤怒，協助美國的反酒駕媽媽協會（MADD, Mothers Against Drunk Driving）成立。電視節目《美國頭號通緝要犯》（*America's Most Wanted*）的主持人約翰・威爾許（John Walsh）幼子遭到殺害，他將失子之痛化為尋找失蹤兒童的助力。

不論你為了全面感受心中情緒下了多少工夫，其實你永遠找不到電影中的圓滿結局，但是你會找到讓失落安住的所在，與之共存。

我們常說臨終之人會有未了的心願，他們在死前努力想知道自己已盡了一切努力。即便如此，沒有人可以完成每件任務。臨終之人最終必須了解到，就算人生看起來還沒走完，但就是走完了。我們在哀傷時，會誤以為能做完哀傷交給我們的每一件功課。但是哀傷並不是一項有起點和終點的計畫，哀傷是我們在失去親人後反省的心境，沒有終結的一天。我們只能學會和它相處，讓它常伴左右。要如何安頓哀傷因人而異，通常取決於失落整合的進度。

「你找到圓滿結局了嗎？」這問題從來沒有肯定的答案。圓滿結束僅限於能結束的事情，例如誤會冰釋、計畫收尾、學期結業等等。

失去摯愛帶來的哀傷，從不會因為你的意志而結束。

CHAPTER

04

哀傷的特殊情況

孩子

我們聽到哀傷諮商師分享一個案例：七歲的珍妮絲問父親為什麼母親一個月來都沒起床。這位父親篤信什麼都該如實告知孩子，所以他說：「她沒力氣呀，她即將死於癌症。」珍妮絲聽了大哭走出房間。

接下來兩週女兒不斷抽泣，不忘反覆安慰母親。「你快要死了，我對不起你。」她的母親太過疲累無法回覆，最後連一句話也沒跟女兒說上便離世。

珍妮絲在母親辭世後變成了哀傷的小女孩，好幾年來都沒有走出喪母之痛。每當被問到為什麼不開心，她總是回答：「我母親過世了。」多數人聽到這裡便不再追問，連父親也沒有多想。他相信隨著時間推移，女兒自然會走出來。

珍妮絲上了國中以後，某天學校天文課教到星座。課程進行到巨蟹座的星系組成時，珍妮絲突然淚眼汪汪。這異狀被老師發現，不過他決定等下課再去談。那時珍妮絲哭了起來，老師問她：「你跟男友分手了嗎？」

「不是，」珍妮絲說：「我是巨蟹座，母親死掉是因為我。」（癌症和巨蟹座的英文

都是Cancer）

之後老師和珍妮絲的父親當然展開了一場親師會談，讓珍妮絲明白她沒有害死母親。最後她終於明白這是一場誤會，然而過去八年來她都背負著毫無道理的內疚感，真是白受罪了。

面對死亡，家長通常都會犯同一個錯誤，那就是什麼也不對孩子解釋。雖然珍妮絲的父親向女兒解釋母親罹癌時出自一片好意，但珍妮絲就和其他孩子一樣，會憑空增添自己的解釋。這裡還有一件事要注意，那就是孩子的解釋有時非常無厘頭，成年人根本猜不透他們的思路。

孩童沒有資源或經驗幫助他們將失落整合到內心世界中，要是遇到無法理解的部分，他們會想「一定是我哪裡做錯了」。雪上加霜的是，有責任開導他們面對哀傷的成人正因失去摯愛，也被籠罩在哀傷中。珍妮絲的父親決定告訴女兒真相時，絕對沒有想到要告訴她癌症的cancer和巨蟹座的Cancer不一樣。所以幫助孩子時，只用一場對話是不夠的，我們需要來回討論。

不論年紀，只要孩子懂得愛也就懂得哀傷；但是他們的哀傷經常被遺忘。失去親人的家長心裡充滿情緒，要正正常常度過一天已經耗盡所有力氣，平日寵愛孩子的家長在面對哀傷時，也有可能忘記幫孩子慶生。至於孩子，他們不知道表達需求，也不知道該怎麼談論失落感。孩子的心裡有情緒，但是他們的字典裡沒有詞彙，再加上孩子才剛從人生的起點出發，要怎麼期待他們理解人生的終點呢？

其實我們只要提早告訴孩子，到時候他們會有複雜的感受，這樣就好了。平常我們總說家長、學校、宗教界都有責任進行生死教育，不過這樣的說法會導致我們誤以為總有單位會處理孩子的哀傷。事實上，教導孩子如何哀傷是每個人的責任。大人正面臨重大情緒時孩子感受得到，所以成人更應該在孩子察言觀色的時候做出榜樣，教導他們面對哀傷。

你所面對的一切，或許孩子無法全盤理解，不過哪怕他們只有片面理解也很重要。往後人生走到了十字路口，童年的早期失落經驗會一再重現。世界安不安全、友誼是否可靠、交往能否順利，以上感受可能都取決於早期失落經驗。

傑西六歲時，母親從醫院回來告訴他，與他們同住的舅舅因為腦腫瘤過世了。傑西趴在母親腿上大哭，但他哭到一半母親起身走回她房裡，把門關了起來。之後沒人再提起他最喜歡的舅舅，沒有人帶傑西去舅舅的葬禮，也沒人想跟他談談。

某天下午他走進舅舅房裡四處打量，房間裡空蕩蕩的。他四處尋找舅舅留下的痕跡，強烈感受到舅舅已經離開了的事實。這時傑西在衣櫃後面看到舅舅的棕色手提箱，上面貼了釣魚貼紙。他記得有些貼紙是他幫忙貼上去的，還記得舅舅的大手疊在自己手上輕輕往下壓，讓貼紙牢牢貼好。

傑西把手提箱帶回自己房間，之後沒人想到這只皮箱，也沒人問起。這只皮箱伴他度過童年直到成人。回顧這段往事，傑西發現皮箱代表了他和舅舅之間的連結。在父母什麼也沒說、留他孤單面對空蕩和寂靜的那段時光，皮箱尤其重要。這個皮箱本質上是一個具有過渡性質的物品，裡面的回憶幫助傑西聚焦看見他的失落，走出哀傷。這個皮箱也是一個具體連結，讓他想起甥舅倆一起去過的地方，他們一起看見、一起做過的事情。雖然成人在哀悼時排除了傑西，但他創造了自己的方式。不過多數的孩子並不像傑西這般善於排遣哀傷，反而通常會提出偏離事實的解釋，來給自己一個說法。

在丈夫過世以後，瑞秋首次和兒子史提芬慶祝光明節。母子倆點燃第一根蠟燭時，瑞秋不知道是否該正視丈夫不在現場的事實。但當她看見兒子興奮拆開第一晚的禮物時，心想還是別破壞他的玩興或讓他難過吧，於是她什麼也沒說。

第二晚、第三晚也是這樣度過。瑞秋問朋友是否該提起史提芬的父親，他們都覺得孩子之前已經吃了太多苦，別說的好。可是到了第四晚，瑞秋還是覺得不提起丈夫很奇怪，因為過去十年來他都陪在兒子的身邊呀。最後在睡前她說：「親愛的，我講這個不是要讓你難過，但我覺得不談談你爸，心裡不舒坦。我不想破壞你過節的心情。」

史提芬看進母親不安的眼神裡，他說：「我每個晚上都想著爸爸呢，但我沒說，因為我也怕破壞你過節的心情。」接下來一小時母子倆聊起之前的光明節，又哭又笑，母子倆一起想念丈夫和父親，感覺都好多了。

其實像傑西和史提芬這樣的孩子並不是特殊個案。我們常誤以為孩子不會在生日、假日等重大日子想起過世親人。儘管孩子表面上看起來沒事，心裡還是會思念的。我們有所不知的是，如果大人不先開口，就是在用身教告訴孩子，提起過世的人是禁忌，或讓孩子以為大人已經不會心痛了。如果我們開口聊這些事，就是在教導孩子他們大可緬懷、追思、哀傷。

曾經有一個哀傷諮商師說過一個故事：約翰・摩里森是小學老師，六年級的同學都叫他摩里森先生。他和學生葛瑞格感情很好，師生都熱愛科學。葛瑞格母親過世時，摩里森心想，等到葛瑞格本人先開口提起，他再說點什麼吧。他等學生開口等了好幾天、好幾週、好幾個月，轉眼間葛瑞格上了國中。畢業後，摩里森老師還是記得這名他最喜歡的學生，替他的喪母之痛感到難過。他相信不主動提起這件事，才算是尊重葛瑞格的隱私。

十七歲的葛瑞格在和女友逛街時，遇到了摩里森先生。遇到從前的老師，他的表現卻很冷淡，敷衍打過招呼之後，葛瑞格和女友說：「我在外面等你。」

摩里森尷尬地轉過來面對學生的女友。「我是他六年級的老師。」

「我知道你是誰，」她說：「葛瑞格曾經很仰慕你，但現在很討厭你，因為他母親過世時，你沒有關心他，甚至也不和他聊這件事。」

摩里森付出慘痛代價才學到，討論哀傷得由大人先起頭。如果你是孩子的忘年之交，你可以說：「很遺憾發生這種事。」如果你是孩子的親戚，可以問：「你媽媽快要過世了，你有什麼事情不知道想問的嗎？」

不巧的是，有時能讓孩子敞開心胸討論私密感受的人，就是離開人世的那位。這時要讓孩子知道他們可以選擇談或不談，當他們準備好要談的時候，你會在他們身旁。如果你讓孩子覺得可以依靠你，他們準備好的時候會告訴你，講夠了要喊停也會讓你知道，例如討論到一半突然改變話題或跑走。如果他們很投入還發問，請用適齡的談話方式延續話題。小孩跟大人不一樣，他們不會停下來專注聽你說話。有可能你一邊講話他們一邊玩東玩西，請別把這樣的舉動解讀為他們沒在聽、不在乎。

孩子照字面解讀意思，所以我們解釋時要釐清定義，要是他們問了奇怪的問題不用太驚訝。幼童的問題通常和身體有關。像是「身體會去哪裡？」「屍體埋起來之後，他們要怎麼吃東西？」「他們什麼時候才會醒來？」要是不好好回答他們的問題，可能會讓他們煩惱很久。四歲的孩子可能會問，死亡是整個人都死掉，還是只有部分死掉？人死掉以後還會吃飯、呼吸、走路、說話嗎？面對這些問題不需要感到太意外，反而要非常明確地回答問題。

曾有老師這樣解釋死亡：「人死掉以後身體不會再動，這就是死亡。」結果一個小女孩指向班上坐輪椅的小男孩說：「湯米的腿不會再動了，他的腿一定死了吧？為什麼他不把腿埋起來呢？」

文字帶有情緒以及意想不到的聯想（所以比喻時要小心）。例如在解釋火化時，你可以說身體被送進高溫金屬器具中，不要說送進「爐子」裡。雖然說火葬時的確會用到火化爐，但是這樣說會想到廚房裡用來料理食物的爐子，你要避開這兩者之間的情緒連結。解釋火化時，你可以說「身體被高溫處理到最後只剩下骨灰」，不要說身體被「燒掉」。聽到最喜歡的阿姨要被燒掉，會讓孩子做惡夢，他們會想：「死掉已經很慘了。還要把她燒掉？」

簡單如「媽媽去天國」的說法也會讓孩子誤會，他們會問：「為什麼不開車去天國把媽媽載回來呢？」「媽媽覺得天國比我們家還好嗎？她不愛我們了嗎？」曾有名父親告訴七歲兒子，死神就是萬聖節的鐮刀死神（Grim Reaper），他還說外公之所以過世是因為老人家動作慢跑不贏死神，結果害兒子從此討厭萬聖節。

兒童諮商師有許多深刻的案例可以分享。例如一對父母請女兒艾蜜莉坐下，他們要好好解釋外公即將過世這件事。六歲的艾蜜莉有許多問題：「我們還可以去找他做爆米花嗎？」「他會經常跟其他死人來往嗎？」「怎樣才能確定他真的死了？」她的父母帶著耐心和同理心有問必答。後來她問：「什麼時候要把外公的頭砍下來？」

父母聽到這裡嚇死了。「沒有要砍他的頭呀，他會自然過世。」「那麼是等他過世之後，」艾蜜莉認真問道：「才把頭砍下來嘍？」嚇壞的父母僵硬地回答：「沒有砍頭這回事！」

外公葬禮結束後，艾蜜莉和外婆兩人待在廚房裡。外婆問：「艾蜜莉，你心情如何？外公過世有什麼想問的嗎？」

艾蜜莉猶豫了一會兒才說：「你不會像爸媽那樣生氣吧？」

外婆承諾之後，艾蜜莉又問了那個問題：「什麼時候要砍他的頭？」

「你到底為什麼會覺得要砍頭呢？」外婆問道。

「還記得有一次我們去看你媽媽的墳墓嗎？你跟我說那就是墓碑（headstone），那代表就是要把砍下的頭放進那塊石頭裡吧？」

艾蜜莉的外婆趕快澄清孫女的誤會。

孩子在失去親人後會產生什麼反應因人而異。如果考試分數下滑，大人可能會認為孩子調適得不好，但失親後專注力渙散、叫他沒有回應，這些都很自然。失去了親人，孩子本來就會受到影響。他們可能會成績退步，個性變得更加退縮，或者拒絕加入之前很拿手、很投入的遊戲。以上都是正常現象，如果孩子沒有顯著表現出來的狀況，可能是你沒發現，或是他們把哀傷推遲了。

失去親人的孩子未必會成績下滑，可能也不會在學校出狀況。孩子會用他們的步調處理哀傷，而且哀傷自有一套防漏機制，能完整保存失親經驗，等到孩子年紀夠大或是心靈夠成熟了才讓他們處理這些過去。不過要是孩子自然而然地體會到哀傷也無妨，而且和孩子討論死亡並不會傷害他們。為了保護他們而避談死亡，未必能保護他們往後的人生，所以要注意孩子身上透露出來的徵兆，必要時就直截了當跟他們談吧。

五十六歲的電工富蘭克林回想童年時說道：「祖母過世時大人說她『睡著了』，可是沒人告訴我她什麼時候才會醒來。葬禮舉行當天我被留在車上，雖然那時候我才五歲，但我什麼小事都記得。『這樣對你比較好，』大人說：『長大你就會懂了。』

「結果我對死亡的了解就是『死亡很可怕』，而且他們害我無法和祖母道別。大人一直逃避死亡的話題，要怎樣讓我相信死亡很自然、是生命的一部分？我不怪那些大人，他們覺得他們做的是對的。不過，要是當初他們不把死亡當作可怕的事情來處理，或許我現在不會這麼怕死。我連幫自己的母親掃墓都不敢。所有跟臨終、斷氣、死亡有關的話題都會把我嚇個半死。我希望我的孩子對死亡認識更深。當我過世以後，我知道孩子會哀傷，但我不希望我這一死，讓他們焦慮到無法感受心痛。」

富蘭克林的童年經驗讓他在病重臨終之際，採取了截然不同於家人的做法。他發誓就算自己離開了，也要用具體的方式繼續參與女兒的人生。所以在他下不了床之前，他拍攝了好幾卷錄影帶。第一卷讓她開始約會時收看，第二卷則是上大學時，第三卷是結婚前，第四卷是成為家長時，還有一卷是女兒想念他時可以拿出來看。

在最後一卷錄影帶，富蘭克林對女兒說：「我知道你大概是因為想念我，才播放這卷帶子。你可能會想，不知道爸爸會不會想我？我敢肯定我一定會想你的。我想讓你知道，死亡最讓我難過的就是離開你，我很努力、很努力拖延離開的時刻，但是到最後我還是不得不走。我知道你會時常想起我，像我時常想念你那樣。等你忙著唸書交朋友的時候，腦中會突然蹦出我的模樣，要知道那就是我在想你。往後的人生會有寂寞的時候，但你不是孤單的，我就在你心裡這麼近的地方。」

捕捉影像的錄影設備可說是召喚失去的強大工具，畫面的威力才正要開始顯露。如果不拍影片，一封簡單的信對於失親的孩童而言也是意義重大。

我們都希望能留給孩子永遠暖心的文字，透過文字看見我們面對生命、面對死亡的態度。信件內容能幫助孩子建構面對失落的態度，並且代代留傳。成年人平常花了大把時間跟孩子提生命教育，親人臨終正是絕佳機會，讓孩子學習如何照顧來日無多的親人。我們也能教孩子培養健全概念以便理解死亡和失去，讓他們知道如何珍惜與死者有關的回憶，而非任由孩子自己面對解不開的死亡謎團。

曾經有位學校護理師為了教導高中生學習死亡和哀傷，帶著他們從教會來到墓園。她教導學生如何在掃墓時表達對死者的敬意。她提到可以和死者說說話、分享經驗，獻花也是一種很好的方式，既可以表現自己的敬意，也能讓死者在離開人世之後繼續收到美麗的禮物。

接著她開始指派任務。「先找出墓園中年紀最大的死者，再找出年紀最小的。」學生很驚訝地發現，有個孩子在出生那天就死了，後來學生還發現和他們年齡接近的死者，這成為他們的切入點，用更深入的方式討論神、討論生與死的涵義。

不管是孩子或成人都可能誤解死亡，有時會是孩子無意中反過來替大人上一課。珍妮六歲時心愛的祖父在家裡過世。在祖父生病時，母親就開始替珍妮做好萬全心理準備。祖父斷氣之後，母親跟她說可以和他道別，想要的話還可以和他最後一次握手。

珍妮聽了毫不遲疑馬上來到祖父的遺體面前，老實說她那副模樣可真像仔細觀察的科學家。她碰了祖父的手，抬起他的手臂再輕輕讓手臂落下，甚至還戳了他的身體，好像在確認他真的過世了。母親注意到珍妮的舉動，這時女兒卻從房間跑出去。母親決定再觀察一下，要是狀況持續再來關切。珍妮後來回到祖父遺體旁邊繼續戳他，媽媽看了不太高興，正要制止她，但還來不及開口的時候，珍妮彎下腰來，把一張皺皺的紙條塞進祖父的睡衣口袋裡，然後走出房間。

這時母親有點生氣，她拿出那張紙條，準備要對女兒曉以大義，要尊重過世的親人。這時她卻發現那張紙條上面有筆跡稚嫩的留言：「神啊，請好好照顧我的阿公。」母親這才明白珍妮剛才並不是在玩弄祖父的遺體，而是在確認他真的過世了，才把他交付給神，而且不忘留下紙條提醒。

親人過世時，孩子往往會覺得自己要負起更多責任，不過他們表達的方式未必都很正面，甚至會覺得親人之死並非出自其他緣故，一切都是自己的責任。

狄娜的祖母要來家裡住一個月讓她樂歪了。第一晚祖孫倆坐在一起，說什麼都笑到不行。狄娜唸了兒童笑話集上的段子給祖母聽，祖母直說：「再說一個！」「不行了，我受不了了。」

隔天早上祖母心臟病發作，狄娜記得祖母按住胸口說：「不行了，我受不了了。」所以狄娜深信是她說太多笑話害死了祖母。三十年過後，狄娜的母親才偶然提到家族有高血壓和膽固醇過量病史：「比如說祖母從不認真服用降血壓藥，也從不在意飲食，而且還有多年的心臟病史，所以她在我們家的時候嚴重心臟病發作過世，你還記得這件事嗎？」

狄娜聽到這裡淚眼汪汪看向母親。「我一直以為，是我害她笑得太激烈才過世。」直到那時狄娜才明白，祖母不可能因為笑太高興而過世，這時小狄娜終於被整合到成人狄娜的心中，獲得成長的機會。

失去親人的孩子很快也會失去他們的天真。他們會發現，人生沒有絕對，讓他們覺得什麼都無法依靠。

孩子消化死亡的方式因人而異，例如一個十歲的男孩說起剛過世的母親時是這樣說的：「媽媽活了很久，四十一年那麼久。」

公開舉辦的葬禮是生死教育的絕佳機會，例如美國前總統雷根的國葬讓這個世代的人民教導孩子認識歷史，並且學到面對死亡必須放慢腳步。葬禮的摩托車禮車隊伍行進時，速度不可超過二十英里，這傳達出一個明確訊息：面對死亡不可太過匆促。

哀悼支援團體可以給孩子幫上大忙，他們尤其能幫助困於失落的孤立孩童。參加哀傷支援團體，不用說明自己為何出現。無須解釋太多，你一進門，大家都知道你為何而來。

最後要說的是，不管我們是否跟孩子討論死亡，或是鼓勵他們參加團體、尋求諮商師協助，最終都是我們的言教身教扮演最重要的角色。我們希望孩子體會、見識到的哀傷不會被遺忘或棄若敝屣，也希望我們的生死觀忠實反映出人生觀。我們的一舉一動會形塑孩子的未來，更會影響往後許多世代。

我們投注許多時間教導孩子生命，為什麼面對死亡，不能比照辦理呢？

多重打擊

你能想像同時失去兩位以上的親人嗎？或是難以抽離失去親人的哀傷，結果又失去了第二位親人？雖然以上情況很難想像，許多人卻遇到了如此的悲劇。

瑪莎、迪恩和三個孩子有機會去看棒球季最終賽事。結果在球賽前一天，瑪莎的老闆致電給她，表示迫切需要她在週六加班。由於老闆向來待她不薄，瑪莎決定放棄比賽。那場比賽票券已完售，而孩子們的舅舅一直很羨慕瑪莎竟然有票，所以她打電話說要把票送他，他興高采烈收下了。

賽事緊張，兩隊分數拉鋸，最後一局快結束時地主隊贏了。迪恩打電話給工作中的瑪莎，告訴她比賽很精彩，他們要開車過去接她下班然後一起慶祝。

去載瑪莎的路上，全車五個人把車裡塞得滿滿的，行動冰桶被放到後座。四歲的兒子喬伊要拿飲料給父親，他想起比賽前一天大家搖晃罐身再打開互噴真的很好玩，所以他把飲料遞給父親前大力搖晃。迪恩一拉開拉環，飲料直往臉上噴，車子失去控制打橫衝過堤防。迪恩和另外兩個孩子受到撞擊當場死亡，喬伊被推進醫院急診室動手術。他不斷重複說著事發經過，擔心自己因為搖晃飲料闖下大禍。最後他因為內出血，沒能撐過手術。

瑪莎被迫承受無法想像的多重打擊，她在震驚、哀傷之餘還要張羅葬禮大小事，安葬丈夫、三個孩子，還有自己的弟弟。

發生這種情況，你受到的驚嚇會持續更久、抗拒期拉長、憤怒更加激烈，憂鬱和哀傷更加深沉。瑪莎一方面要承受整起悲劇的衝擊，另一方面很難替親人個別哀傷。但是等到她處理好心中創傷、平復心情、接受現實之後，她還是有必要確實釐清心中哀傷為誰而生。

如果瑪莎才剛開始哀悼丈夫，失去孩子和弟弟的失落卻在這時接二連三冒出來，只會讓她越陷越深。所以她後來在準備好的時候，撥空找出一天或甚至一週的時間專門哀悼丈夫。她回顧夫妻倆的舊照，重返兩人的重要景點，為他點一根蠟燭致意，對他說話。接著她為了三個孩子和弟弟分別做了一樣的事情，一個一個追思。

遇到這種狀況，很難知道你是為了誰難過，失落感本來就很容易混雜在一起。不過重要的是每個人都要平均分配。以瑪莎的情況來說，可以想像往後很長一段時間她會陸陸續續追思丈夫、孩子，以及自己的家庭。一開始她需要每人各分配一週，之後不再需要如此規劃。

你不一定要這樣做，不過要注意的是，要是你在為某人哀傷時，經常浮現其他死者的回憶，最後你可能會情感不堪負荷。要是發生這種狀況，分類有助於你區別失落感。通常我們會建議你尋求專業協助，或參加諮商團體，因為真的有太多情緒要分類，而且你還要籌辦葬禮、籌錢支付這時期的開銷。如果親人死於意外，你還要撥空跑法律流程……

許多人長時間卡在憤怒階段或是「為什麼是我？」的心態裡。卡關的人經常丟出不理性的問題，像是「我為什麼讓他們去看比賽？」「我為什麼叫他出門買麵包？我明明沒那麼急。」

這時務必要放過自己。你「讓」他們去看比賽是因為生活中本來就有許多活動，包括看棒球比賽、出門買麵包。就算你再怎麼問自己「要是當初」，你絕對提不出讓自己滿意的答案。生命自帶風險，再謹慎也無濟於事。雖然「要是當初」之類的問題沒有答案，檢討事發成因並且死纏爛打其實都是人之常情。事實上這些問題是一定要問的，才能帶你前往哀傷的下一個階段。

當你尚在哀悼一位親人，卻又失去另外一個摯愛，這就是另一種多重打擊。

艾迪絲的兩個兒子都在越南前線作戰，她雖然擔心但也心存感激，因為二十二歲的哥哥詹姆斯可以照顧十八歲的弟弟安迪。艾迪絲的丈夫是機師，兩個孩子以父親為榜樣，兄弟倆成為休伊直升機駕駛，負責載運兵力投入作戰並將傷兵帶回後方。詹姆斯某次出任務時，錯判形勢誤降地雷區。部隊一下機，就有士兵踩到地雷引發爆炸。

地雷爆炸後，詹姆斯被噴進機艙裡的炮彈碎片炸傷。這裡說明一下，詹姆斯當時為空勤隊長，安迪則是隊上另一架直升機的駕駛員。隊長受傷且艙門打不開的消息迅速傳了出去，安迪不顧地雷奔向被炸毀的直升機。他成功打開艙門，救出身負重傷的哥哥，並且把他放到另一架直升機機艙裡。結果急著起飛的安迪中彈身亡。艾迪絲接獲消息後心如刀割，她數著日子一天天過去，盼望詹姆斯可以恢復到一定程度離開野戰醫院回家。她和丈夫都盼望長子回來，全家人一起為安迪之死哀傷。

雖然深陷哀傷，但到了詹姆斯可以被送回美國的那個禮拜，艾迪絲滿心感激。然而在運輸機起飛前一天，野戰醫院遭到轟炸，詹姆斯因此送命。次子之死造成的痛楚猶在心頭，艾迪絲和丈夫又要蒙受失去長子的哀傷。

意外、傳染病（如愛滋病）、校園槍擊等多種情況，都會讓我們在短時間內接二連三失去親人。

如果親人死於疾病，我們會忍不住猜想下一個輪到誰。如果你身邊的人都感染同一種流行病，就會讓你惴惴不安。如果職場上有多名員工都死於癌症，同事難免會猜想其成因。他們會想，或許辦公環境有問題，或者「搞不好這裡被詛咒了」。面對不能解釋的事情，人的心智總是如此運作來了解、詮釋成因。如果在一夕之間失去太多家族成員，遺族也會浮現同樣的困惑感。

這時經常會有人問：「為什麼只有我沒事？」「為什麼死的不是我，而是我的孩子、妻子？」他們感受到另一種強烈的倖存者罪惡感。「為什麼死的是他們而不是我？」同樣現象亦發生在多人死亡、少部分人逃過一劫的情況中。

有些人認為會問這種問題的人很自我中心。其實要等到你走過哀傷才會明白，生死不由人。誰能活下來，誰會離開，都是神或宇宙的決定。倖存者最終都需要脫離發問的狀態，設法度過下半輩子。

至此，你會覺得自己往後活不下去了，人生從此改變，你永遠回不去了。但是在未來，你會找到帶著失落一起生活的方法。你的哀傷可能會延後浮現，但其中的傷痛不減半分。有些人會在遭受嚴重打擊後，動身尋找人生的新意義、新目標。請寬延自己一段長長的時間，並且記得在必要時呼救。療癒過程可能會持續幾年，最終你會找到方法紀念這些失去的生命，屆時你的心痛當已平復。

災難

災難是來自大自然和宇宙力量的自然現象，要是發生在你和摯愛身上，就不自然了。雖然死亡也能算作一種災難，但它的後果可以摧毀人生。不過這裡要討論的是導致大規模死傷的災難事件，例如天災（地震、洪水、野火、海嘯、颶風等等）、科技災害（交通意外、毒性物質外洩、化學藥劑爆炸）、人為疏失或蓄意破壞（暴力事件、恐怖攻擊、縱火、動亂）。

即便以上災害起因各不相同，卻都有一個共同點，那就是造成大量傷亡且重創社群。受害者失去財產和親人，還要承受個人及社群兩種層面的哀傷。倖存者的環境充斥著駭人的景象、聲響、氣味。若災害是人為疏失或蓄意造成，生還者心中的哀傷伴隨著猛烈的怒火，在哀悼死者的同時強烈譴罪魁禍首讓他們的摯愛白白喪命。

災害讓人脫離常人的經驗世界，看見火焰吞噬人類，同時聽見多人垂死哀號，之後能憑藉什麼經驗來消化？你生為倖存者會覺得只有自己掉進了這個眾人厭棄的新世界。

一位女士在空難意外中，眼睜睜看著鄰座的丈夫被火焰吞噬，更看見許多人死在被烈焰包圍的機艙中，而她自己卻毫髮無傷。眾人皆死我獨活的感受，超過了一般人的理解。然而在這起空難過後幾天，這位女士再度搭乘班機帶著摯愛的靈柩返鄉。有些人會納悶，為什麼她還覺得坐飛機安全呢？然而她覺得更深入的問題該是：往後的人生該如何重拾安全感？她體認到，或許她已永遠失去安全感了吧。

如果你也是如此，我建議你盡量接受各種可能的救助，你一定要先處理心中的創傷再來談哀傷。創傷或許會演變成ＰＴＳＤ，當你遇到超出平常經驗範圍的事件讓你飽受驚嚇或痛苦，創傷會讓你的哀傷比較晚發生。ＰＴＳＤ是一種情緒障礙，當事者因為情緒過度激發以及處於極度焦慮的狀態，一再回顧可怕事件；當事者還會出現情感麻木。總之，創傷事件不斷重播。

失親者討論哀傷時，不管他們多哀傷，往往可以按照時間順序說出事件，例如死者確診、健康惡化、最後死亡。不管這些事情多麼哀傷，失親者都能按照事發經過重述。他們的記憶是線性的。如果有創傷則會在記憶中留下黑洞，有些事情想不起來，某些段落因為太痛苦了，所以表層意識選擇遺忘。

災難讓人同時經歷創傷、死亡、生還三種不同的經驗。一名個案珍提到，她搬到美國的墨西哥灣，她熱愛南方風情，也喜歡她離海邊只有幾條街的大公寓。搬到海邊之後，她經歷多次颶風來襲。她覺得颱風很刺激，不過從來沒有經歷過造成財損和傷亡的風災。

某天颶風再度朝著海岸直撲而來時，她決定和朋友待在家裡。她已經習慣了，颶風來襲向來如此度過。颶風夜和大家聚在一起聽外面風吹雨打，讓人覺得安全而且別無所求。

那天晚上風大雨大，起初他們覺得就跟之前颶風來襲差不多。結果天氣瞬間惡化，窗戶被一扇扇吹破。所有人移動到其他房間，把家具移動到中間以免被破窗雨水打濕。接著停電了，大夥兒點起蠟燭，就著詭異的燭光面面相覷，空氣中瀰漫著前所未有的危機感。

後來他們發現所在位置才三樓高，這公寓是待不下去了，他們排成一列手牽手走了出去。走出去時發現公寓走道都積水了，流進來的不只有雨水還有倒灌的海水，海面從未如此逼近過。

後來他們發現幾個之前脫隊的人又走回公寓，心中驚恐不已。珍帶著剩下的人爬上屋頂，她的記憶從這裡消失。由於珍擅長游泳，她決定從屋頂跳下水，她記得自己緊抓灌木不放，也記得自己曾經伸手抓住樹枝，結果那竟然是樹頂。當她跳水被沖走之後，朋友的聲音消失在身後。她拚命往岸邊游，奮力求生。

她不知道自己往哪個方向游，但她游了好幾小時，害怕自己終究會死在海裡。雖然這漫漫長夜的記憶中有許多空白，但她最終游到岸邊抓住了一棟建築物。太陽出來了，陽光照在水鄉澤國上，當她從那棟建築物爬下來時，發現自己站在城市北方。也就是說當她家完全沉沒以後，她游了三英里遠（將近五公里）。

要從這駭人夜晚的創傷中療癒非常複雜，珍需要一輩子的時間才能釐清。那一晚僅有她和少數人生存，她失去自己的家，還要面對朋友死亡、家園破壞、死裡逃生的餘悸猶存，使得她的哀傷和創傷糾結難分。

災害造成的死亡人數之高，其他類型難以比擬，例如二〇〇四年南亞海嘯的死者人數令人咋舌。大量屍體的處理可能會造成當地社群危機。受難者家屬看見親人的屍首殘缺不全。漫長的搜尋屍身和辨識身分過程都會衍生問題。有時候甚至連受難者的屍體都沒有，造成了家屬很難接受的情緒。

生還者的失落分成許多層面：他們失去摯愛、失去家園，居住地滿目瘡痍，安全感被摧毀。有時候全世界都來關心，生還者被迫跟層層的災後重建官僚打交道，從地方政府到州級乃至於聯邦官員都有。全球媒體放送讓所有人聽聞、閱讀災情，你家的哀傷變成了全世界的哀傷。

災難引發的集體哀傷與憤怒，通常會讓有相同經歷的陌生人產生連結，所以外界大量湧入支援和提問。心裡痛苦還要應付外人已經夠難受了，然而再過幾週，你的狀況還是沒變，全世界的關注已經轉移到其他災情上了。

災情相關細節和數據，看了往往令人難過。但是在你質疑為何只有自己生還時，也要詳細追究相關細節，才能啟動療癒創傷和失落感的程序。然而不管你多麼小心，總是難逃天災肆虐。

曾有一位住在洛杉磯的女士因為遇到小地震而心生極大恐懼，她認為住在會地震的區域實在很危險，所以她搬到夏威夷的可愛島，那裡讓她感到更加安全和自在。結果三週後颶風伊尼基（Iniki）來襲，重創全島。她為了打公用電話大排長龍，食物和飲水仰賴配給。

可愛島地處偏遠，道路和傾倒的房舍花了許多時間才能修復。她覺得這世上彷彿沒有一處安全，而她也明白並不是自己選擇遷居才讓可愛島遭受颶風侵襲。

人為災害又不同了。諸如馬德里火車爆炸案、泛美航空的洛克比空難、東京地下鐵沙林毒氣事件、九一一恐怖攻擊等事件，迫使生還者從公共角度以及延伸的時間尺度等多方面向，來理解發生在自身的事件。生還者的社群大量曝光，沒有親臨現場的外人都想知道內情。群眾獵巫追查事件元凶，生還者持續焦慮，總覺得自己和事件脫不了干係。如果元凶落網，接下來會有更多媒體報導，之後費時纏訟，最後才判刑。以上事件強迫生還者一再回想事發經過，複習哀傷，再度哀悼死者。

如果災難帶走了你的摯愛，或許你要花更長的時間才能接受，因為通常我們都認為災難不會降臨到自己的頭上。災難帶走的竟然不是別人而是我們的摯愛，會讓我們對大自然非常憤怒，她的怒火竟然延燒到了我們的身邊。

許多人以年為單位安排行程追思故人。如果你的摯愛因空難葬身海洋，你可以前往離他們最近的海岸悼念，也可在每年固定時間乘船出海進行活動。女兒死於墜機意外的女士告訴我們，女兒過世之後她心裡哀傷不已，所以她經常重返墜機地點，一點一點釋放心中感受，讓自己具體看見失去女兒的事實。

許多受災戶家屬每年固定回到災難地點，他們發現這樣的固定活動能帶來極大幫助。經歷了外人無法想像的事件，家屬們互相支持。如果一時間回不去事發地點，你可以不時憑想像重返現場。想像可以大力幫助你接受悲劇，看見失落。

我們通常不認為自己能熬過災害帶來的損失和摧殘。不過，就算你現在看不到盡頭，就算你懷疑蒙受重創之後難以重拾生活，可是你的人生並沒有在這裡結束。人總是比想像中更具韌性。大家以為九一一事件讓紐約市民心理嚴重受創，再也站不起來，結果並非如此。創傷創造了一個機會，讓人發現自己的堅強、耐力，以及創傷復原後重燃的希望。

一棵樹被砍倒在地，你以為它遭受重創、生命完全結束。然而之後一根新芽會從中探出頭來，緩緩地、靜靜地。

自殺

以下是一封真正的遺書，刊印前已得到死者家屬同意。

親愛的媽媽、爸爸、葛瑞格：

如果這次我能成功並且撐過去，希望你們會知道，我真的覺得很抱歉，但我已經對自己失去希望，且自認陷進了最深最難逃脫的重複模式。我要讓自己解脫，離開加諸自身的一切悲慘命運。我已經永遠失去了自己、失去了靈魂，失去了存在的根源、生活的目標。我再也不知道該做什麼才對了。

我已經受夠了負面的自己，但苦難總是無法擺脫。跟人相處時總是心生恐懼。我想過許多自殺的方式，卻總是會想起媽媽、爸爸、葛瑞格，我真的用盡手邊所有資源來拯救自己，有時候會覺得還有希望，卻馬上開始懷疑自己。我知道自殺看起來是最沒用的舉動，或許事實上它的確如此。但我的確認為自己已經破損不堪，這不是任何人而是我自己的錯。很抱歉讓你們經歷這一切，我的選擇不但不公平而且絲毫不值得尊重。但我這麼弱，應該不會成功吧？這次要是順利，希望神能夠體諒我。我最捨不得的就是你們、我的家人，但我不知道還能做什麼來改善這一切，我已經厭倦了這一切，卻不能改變腦袋裡的感覺。媽媽，我真的很對不起你，我愛大家，但離開這個世界的時間已經到了，我要解除自己對靈魂的折磨，對你們的折磨。真希望我有辦法解釋我心裡的感覺，我心裡的憤怒、痛苦，解釋我為什麼就是無法和情緒當好朋友，也無法讓心情好起來。

我最需要的就是愛，我現在是這麼想的，但我這個人已經沒有愛了，想到自己原本充滿愛現在卻無法變回那樣，就覺得這樣的自己好可怕。這不是我，我連自己是誰都不認識了。我努力過了，現在這樣不是任何人而是我自己的錯。如果我能，一定讓你們看見我對你們的愛有多深，而不是現在用遺書告訴你們，我想用靈魂愛你們。希望神會看顧我，希望祂會諒解我。我對你們的思念很深，深到我甚至想活下來把自己治好，但我做不到。我無法阻止自己的精神被耗盡，天啊，我真的就是沒辦法了。我覺得自己卡住了，想到自己這輩子什麼都沒做，就覺得自己很差勁。我覺得自己再也無法繼續學業了。對不起，我愛大家，請原諒我。這完全不是任何人的錯，都是我的錯。

愛你的羅伯特。

羅伯特這次成功了，他的遺書呈現出導致自殺的眾多心理動機，清楚傳達出他想活下去的掙扎，以及他不想要的生活帶來的挫敗和失望。像這樣失去希望的呼喊，往往是明確的自殺警訊。他不想要死，只是想要結束痛苦。為了活下去，他日日夜夜和自己的意志搏鬥。他曾經瞥見理想的自己一眼，卻不知該如何移動到那人的身邊。最後羅伯特甚至讓家人知道，這些都不是他們的錯。

雖然遺書解釋了羅伯特的心理掙扎，卸下了家人對他之死的責任，結果卻沒有令他們特別好過。在自殺者遺族的哀悼團體中經常討論一個問題：看到死者的遺書到底是好是壞？有些人覺得真正關心的人都已經走了，有沒有遺書都無所謂。另一方面，沒有看到遺書的家屬則是拚命想從其他管道得知死者的精神狀態；然而有遺書的家屬卻發現，遺書上面可能沒有解答，或是有解答但揭露時為時已晚。這種晚了一步的狀況讓家屬更心痛，要是早一點知道，或許結果就會不同了。不過在大多數情況下，其實拼湊死者生前的話語就能聽出端倪。

摯愛自殺身亡所帶來的哀傷有別於其他類型，不但帶有內疚、憤怒，甚至也有羞恥。家屬們一想到那起事件便感到羞愧難當，因此沒什麼人想要提起，有些人還會說謊掩蓋死因，因為羞恥也是內疚的一部分。內疚來自自我審判——我們自認做錯事情。要是自認害死別人，內疚感更加強烈，就算那人拒絕我們的建議或一心只想解決自己的痛苦，我們也不好受。內疚是自己生自己的氣，當自己的信念（每個人都會得救）或是從小信到大的說法（自殺的都是別人，不會是我的家人、我的朋友）被推翻時就會感到內疚，這是自然的人類經驗。為了不讓內疚影響我們，必須調整信念。前述的「每個人都會得救」正確嗎？我們真的可以拯救誰嗎？如果當初做得更多，真的能帶來什麼差別嗎？

內疚源於自我審判「行為」，「羞恥」則源於自我審判「人格」。或許你會以為，摯愛寧願自殺也不願意在你身邊多待一天，你用他人自殺的結果貶低自己的價值。有一名母親曾經這樣說過：「因為家人自殺，所以你家永遠被認為是『失調家庭』（dysfunctional），有什麼比這更羞辱人的？」內疚讓人認知失調，但羞辱卻使你靈魂受創。

自殺者遺族在事件過後失去希望，很多時候他們需要看見一絲曙光，或是透過親近的人協助他們重拾希望。遺族可能會感到孤立、被其他人切斷連繫，再加上心理本身就內疚，所以會退縮不與外界接觸。

多年以來艾玲都要處理丈夫想自殺的念頭。她的丈夫雷是個性外放的高功能人士。他看起來十分健康，事實上需要服藥平衡腦中的化學物質分泌。這麼多年來他狀況時好時壞，這其實並無異於一般人，不過他難過時艾玲也很痛苦，她經常害怕雷會真的放手結束性命。

雖然諮商師和精神科醫師都在幫助雷抵抗他的陰鬱念頭，但最後所有方法都宣告無效，他終究還是自殺了。雖然聽丈夫放話無數次，艾玲還是震驚無比。「他看起來狀況很好，突然之間他就付諸行動然後自殺了！」

通常在自殺前幾天會發生一個怪現象：意圖自殺者會跟親友說他們的心情好到不行。艾琳在丈夫過世後才發現類似的宣告不代表好轉而是一種徵兆，代表當事人已經下定決心放棄生命，所以和人生有關的壓力已不再讓他們心煩。艾琳說：「聽到他說心情好卻自殺當然很難受，但我還能做什麼——每次他病況好轉都要當作自殺徵兆嗎？難道他感受到的好心情，哪怕再微小，都代表他擬好自殺計畫？在他威脅要去死之後一到兩年，我的心態改變了，我不能活在一直揣測死亡的生活中。」

艾琳不僅看見了丈夫的痛苦，而且以許多層面來說，她更將丈夫的痛苦變成了所有人的苦難。許多家庭都是如此；如果你的兒子、女兒或是其他親人想著要自殺，你怎麼可能置身事外？

自殺會讓全家人的幸福感蕩然無存，甚至會讓親近者感覺遭受背叛。她怎麼可以什麼都不讓你知道就走了？明明是兩人一起奮戰，但為什麼最重要的一役只有她上場，怎麼可以趁你還沒到場就結束？遺族心中的怒火鋪天蓋地，因為自殺所帶來的衝擊遠高於死亡本身。親人自殺像是往遺族臉上重重甩一耳光，心裡只有失落、背叛、拋棄的感受。

曾試圖自殺但尚在人間的個案告訴我們，他們在那之後感到解脫且更加珍惜所擁有的一切。他們發現讓人困擾的不是生命而是痛苦，他們希望可以不再受到痛苦的折磨，卻苦於止痛的方法遍尋不著而失去了希望。他們嘗試過各種可能，最後都宣告無效，於是斷定要終結痛苦別無他法，看來唯有死路一條才能解決問題。

據說自殺者會帶著這輩子未能學習的功課離開，這似乎表示他們這輩子承受的巨大痛苦，即便死後也會跟隨。其實自殺者的悲劇對其他人而言也是重要功課，例如讓我們看見這世界需要更多的善良。不過有時候深陷痛苦與失落，實在很難看見要學習什麼功課。

三十五歲左右的凱蒂個性和善充滿活力，她熱愛生命，渴望幸福。在她才六歲的時候，父母離婚，父親得到監護權，之後開始性侵她。她默默承受一年後，終於鼓起勇氣告知母親以及幾位大人，結果沒人相信她。凱蒂進入青春期之後父親的獸行依然持續，最後她十六歲時終於逃離那禽獸。

凱蒂二十出頭時，覺得自己好像終於得到了正常的生活，但是童年回憶卻一直回來折磨她，她開始用藥讓自己忘記過去，到了三十幾歲時凱蒂反覆進出勒戒所，那時她終於決定要活得像個人。凱蒂參加十二步驟戒酒會、上教會、成為社區服務的志工，但是來自過往的惡魔總是如影隨形。外人看凱蒂能看見她明亮的一面，同時也能察覺到童年創傷的哀傷暗流在她心中流淌。她三十七歲自殺時，朋友都很難過，但是與她認識較深的人也慶幸，她終於解脫了。

或許遺族會想，死者的坎坷人生終於結束了，終於不用再受苦了，所以自己也感到解脫。之後遺族可能會內疚，自己竟認為死者自我了結好過終生痛苦。遺族要知道的是，就算死者沒看到，一定也還存在著其他解決痛苦的方式。

遺族在經歷哀傷的某些階段時，或許自己也會產生自殺的念頭，因為失親的心痛太強烈，無法承受，遺族會心想不如乾脆放棄療癒，也去找死者吧。儘管這樣的念頭很可怕，但終究會有消散的一天。如果要更了解這時期的心態，我們建議你向熟悉自殺後哀傷階段的專家求助。

如果有類似煩惱，建議向專業人士請求協助，例如參加自殺者遺族團體，和具有相同經歷的人相處，能帶給你極大幫助。不過受到自殺衝擊的不只有死者家屬，曾經有位專精研究自殺的心理學者（psychologist）分享：「我之前有位個案在自殺前陷入極度黑暗的狀態，我雖然發誓要拯救她，但我沒有能力。她的死亡在我身邊久久不曾離去。我或許有技巧能幫助個案脫離想自殺的憂鬱狀態，但我一定要記得，自己不是神，一定有事情不是我能控制的。」

自殺發生以後，自殺者身邊的人認為自己該負起絕大部分責任。例如珍妮和凡妮莎是大學室友，一起共用同一支室內電話。某天，凡妮莎的朋友凱斯打電話來，由於兩人見過一面，所以珍妮聽得出來對方是誰。當她聽到凱斯要找凡妮莎的時候，她自己正在忙，所以簡單回應對方：「她現在不在，我之後會跟她說你找她。」

之後珍妮發現凱斯在那天自殺了。「我大可關心凱斯的狀態，結果我沒有」的念頭不斷糾纏著她，關係淺薄的人自殺都會讓人如此糾結了，與自殺者親近的人要承擔多麼沉重的責任感可想而知。

要走出至親自殺的陰霾走向療癒，過程相當複雜；在哀傷消解前，要先化解自己心中的內疚。你一定要從認知上透澈了解到，別人結束生命的方式並不是你的責任。走到這一步，你會慢慢原諒自己，原諒死者。你需要在心中設置一處容許哀傷、遺憾的場所，也需要和死者建立新的關係，在這段關係中，你不會用他們告別人生的方式來定義他們的人生。

明明走出來就會豁然開朗，卻往往卡關許久。自殺者遺族不由自主地對自己以及身邊的人際關係造成情緒上的傷害。特別矛盾的是遺族會這樣想，「我不想要好起來了。」他們自責早該看出死者生前的徵兆，但或許因為當時他們吵架，又或是拒絕承認對方企圖自殺或其他事情，而妨礙了他們的解讀能力。

自殺帶給遺族的莫大威脅在於人際孤立，因為自殺者遺族承受的哀傷旁人幾乎不懂，遺族要面對自殺者感到的痛苦，還有他們自己的。人際孤立會讓遺族無法透過最需要的支援系統得到療癒所需的莫大幫助。

某個週四晚上，幾個大學生一起在宿舍看電視，當時節目上有一名少年不知是否該讀母親留下的遺書，他怕看到母親將她的死怪在他頭上。最後他鼓起勇氣閱讀母親手寫的遺書，發現她寫到她非常愛他，他是母親生命中最精華的一部分。看完遺書以後，少年感覺缺少的一塊被補回來了。他知道母親的死不能怪罪於他，也知道原來母親深愛著他。

學生們默默地看電視，但是大四生湯姆在少年閱讀遺書那一刻大喊一聲「騙誰啊！」驚動了所有人。其他學生問他為何如此反應，他解釋道：「如果她真的愛他，才不會自殺。」

大夥兒並不知道湯姆的反應源於自身經驗，他的母親也是自殺身亡。「對啦，」湯姆口氣尖刻。「看到遺書發現母親說不是他的錯，然後就可以放下了。」湯姆知道那是節目效果，而非真實人生。

真正的遺書、真正的生活遠比電視內容更難處理。湯姆跟大夥兒分享他的哀傷感受，他說：「這份哀傷讓人最難過的就是，沒有人知道該怎麼安慰我們。他們很怕說錯話，但是要安慰遺族，其實不用管死者是怎麼走的，你只要說『很遺憾你的母親過世了』就好。」

親人自殺身亡，遺族無法確定往後能否走出困境，沒有人教你「如果親人自殺了」該怎麼辦。親人自殺帶來的傷痛可能會延續好幾個世代。如果你的兄弟在成人以後才自殺，你會擔心你的孩子、他的孩子該如何面對這一切，你也會擔心父母要承受喪子之痛。如果你隱瞞死者真正的死因不告訴家人，反而會讓家族深陷恥辱和謎團中。你或許還因為發現了親人的遺體而受創，那可怕的景象令你終生難忘。或許神職人員拒絕為親人主持葬禮時，會令你感受到自殺帶來的強烈羞辱。

伊莉諾的姐姐自殺身亡，她說議論死者帶來的傷害遠超過一般人想像。諸如「不會吧？你姐姐薇薇安？我不知道她狀況竟然那麼差。」就算不是針對死者而發出的評論，其實也很傷人，讓心懷羞愧的自殺者遺族在社會上難以立足。人們常會脫口而出：「要我去做那種事情不如叫我去死。」「叫我住這兒我還不如去割腕。」以及其他說法像是「還是一槍斃了我吧。」「我要去跳崖。」聽在自殺者遺族的耳裡顯得更加刺耳。

本書再三強調，自殺者遺族就和其他失親者一樣需要協助。如果你找不到相關團體可加入，也可以改為參加一般的哀悼團體。你和他們最主要的差別應該只在於他們的親人死於疾病、高齡，而你的摯愛規劃了自己離開人世的方式。不過你心中的哀傷無異於其他人，參加一般的哀悼團體，總好過一個也不參加而最終把自己孤立起來。

本章前頭提到摯愛留下的遺書，但如果你也寫信給他們，對你自己有極大幫助。

親愛的威利：

當你聽到我唸這封信給你的時候，我要你知道，我很想念你，很多事情都因為你而改變了。我一直以來都以為，這種事情只會發生在別人身上，不會降臨到自己頭上。或許你以為你自我了結是減輕我的負擔，但你沒想到最讓我心痛的是，你沒有向我道別，也不給我機會讓我這麼做。我掉下百萬顆的淚珠，我想要扭轉已經發生過的這一切，想要了解你的痛苦，你的絕望，你的悲慘。

有時候想到你對自己做的事、對我們做的事，我會很生氣。有時候我覺得我要為你的死負責。我回想自己做了哪些事情，沒做到哪些事情，尋找可能看漏的線索。但我知道我始終無法為你抉擇。我正在學習放下，不再為你的死負責；如果我真的能為你和你的生命承擔任何責任，你應該還活著，不是嗎？

我經常想起你，雖然想起你的時候伴隨著疼痛。每次聽見你喜歡的歌，我都會為你落淚。你離開以後，不能和我一起參加許多好玩的活動，真的很難過。但事情會慢慢好過的。我逐漸想起了過往的美好時光，或許你會再度看見我露出笑容。是啊，我正在學習重拾生活，而且我下定決心，我不會因為你選擇了死亡，就變得跟你一樣。我內心祈禱，希望你已經找到了尋覓已久的平靜，我相信你已經找到了。我原諒你做這件事，原諒我們在一起時發生的所有事。最重要的是，雖然我相信自己過去可能對你造成傷痛，但我也原諒了自己，因為我知道你在天上，在主的愛、同情、仁慈中，正在學習原諒我。將來到了生命盡頭，希望與你重逢。

我的最愛，我會永遠愛你，記得你。

蒂娜

阿茲海默症

瑪麗六十多歲，個性積極。她說：「我並非從丈夫過世那一天開始哀傷。在我最恐懼的預感成真那一天、確認凱文得到阿茲海默的那一刻，哀傷油然而生。我逐漸失去了我認識、我愛過的那個人。我們夫妻倆就是記憶的化身，但這些美好的點點滴滴，我們共享的神聖時光，就像淚滴般在雨中一點一點消融。」

和摯愛道別並不容易，眼看親近的人在身體完好的情況下，人格逐漸改變，不但令人崩潰，心情也會紛擾不安。她的記憶被虛無的黑洞取代，她到底經歷了什麼狀況？「她」究竟去了哪裡？她心情如何？思路還順暢嗎？她的人格被取代之後，現在這個新的人格又是誰？

艾倫的母親失憶狀況嚴重，後來確診罹患阿茲海默症。母親個性大變，艾倫說：「有些人會認為這種人格變化就像平時面臨重大壓力時，性格中最壞的一面被逼出來，例如平常只會稍微發脾氣的人，變得總是怒氣沖沖或個性凶殘，其實並不是這樣，阿茲海默患者像是換了一個人似的。我母親從來不會大發脾氣或是極度刻薄，但她現在病發就是如此。我曾經發過誓，絕對不會把她送進照護機構，但那時我不知道狀況會變成這樣。」

艾倫低估了阿茲海默症，她不知道這疾病能摧殘病人到什麼程度。她之前以為照顧病重的母親就是餵她吃飯並且關心她的心情。她知道母親這輩子始終鬱鬱寡歡，所以做好心理準備，接受母親晚年狀況惡化。艾倫猜想母親有一天會忘記女兒，但她沒料到母親以為女兒要殺她。母女出門時，艾倫因為母親尖叫著自己被綁架而手忙腳亂。眼前的問題已經讓艾倫夠頭大了，沒有時間替母親逝去的人格哀傷。

她眼睜睜看著母親一點一滴消失，每次她大喊自己被綁架、被虐待，都讓艾倫感到身心俱疲。艾倫和她的姐妹再三向母親保證，她們都愛她，她們只是想要照顧母親，回報她的母愛而已。但是惡劣的阿茲海默症讓母親用激烈的言語回報女兒出自親情的舉動，她聲稱女兒都是綁匪、是殺人凶手。艾倫最後不得不將母親送入照護機構，接下來幾年間她每週都去探訪，看著母親的病情逐年惡化。然而當母親終於過世時她心中充滿內疚，因為她認為自己沒有遵守當初的諾言，把母親送進了機構。

理智上她當然知道她不得不打破承諾，但是讓母親承受她不想要的，使得艾倫心碎。最後她去看諮商師處理心中的失落感和內疚，這才了解她已經做了唯一能做的決定。母親由專業人員來照顧更合適。不過這層了解卻使得她心中的哀傷變得更加複雜。

大多數人都會同意，摯愛罹患阿茲海默症會讓無條件的愛面臨最嚴厲的考驗。唐恩的妻子確診時他幾乎心碎，多年來他看著妻子哭泣。從前只要他一進房妻子的臉龐就會發光，現在卻像是滿臉嫌惡。雖然這是她無法控制的，但他依然為此心碎。妻子過世以後，唐恩問神：「祢為什麼要奪走她的心智？看見一個人的心智逐漸萎靡多麼可怕，遠超過直接看見她的屍體呀。」

哀傷過程中一定要處理的還有醫療決定。現代醫學儘管發達，卻並沒有讓這些選擇變得容易，你要做很多決定。例如當他們無法自主進食時，你要用醫療手段介入嗎？患者得到感染未處理可能導致死亡，你要處理嗎？

現代醫學並沒有告訴我們，要是心智已死該如何處理還活著的肉體。許多沒有答案的問題，例如「我該插管餵食或是讓母親絕食而死？」不管你決定哪一個，都讓人感到極度痛苦。

我們要能接受一件事，當身體永久無法進食的時候，就是該離開的時候了。

如果在親人失能以後許久你依然持續給予營養，或許你會納悶這樣做對嗎？或許你讓他多活了一些時間卻毫無生活品質可言。這時你要告訴自己，你已經盡了全力。現代醫學將兩難的抉擇交到你手上。或許你覺得簡單的尿道感染可以用抗生素輕易治療，那麼這個決定做了就是做了。

不管你做了什麼決定都要安慰自己，你這麼做是出自於愛和希望，你想要在看不清楚方向的情況下做出正確決定。你在訊息龐雜無法判斷是否做對決定的醫療環境裡，選擇了一個方向。

不管你傾向消極或積極療法，摯愛離世後你會時常質疑自己的選擇，這是很正常的。但你總會感到一絲解脫，因為摯愛已經不再受苦了，不知道這是幸或不幸呢。

一名男子多年以來看著妻子因阿茲海默症受苦，他在妻子的葬禮上說道：「有人說這是『漫長的告別』，聽起來很浪漫，事實上一點也不好。大半時間她都過得糊裡糊塗，今天她總算走完了這顛簸又難過的旅程，我能向她告別。我真心希望她最終能安息，恢復從前的完整。」

當最後的死亡來臨時，你可能會認為在那之前就感受到摯愛早已死去。這些年來你逐一哀悼各種失去。你倆美好時光的紀念都不見了，電影被忘記了，節日、一起去過的地方也忘記了。共同參加的畢業典禮、婚禮的記憶都從眼前消失，最後到了那一天，你的摯愛連你是誰也忘了。

可是他們還活著，所以要怎麼哀悼呢？請你一定要了解，每次哀傷都是微小的死亡，都是一項需要哀悼的失去。阿茲海默症奪走了太多，例如奪走駕駛車輛的能力、獨立生活的能力，奪走了病人的個性、判斷力、金錢控制能力，患者失去健康、失去家人，失去控制脾氣的能力，失去柔軟的一面，最終也失去了自己。

阿茲海默症宛如慢速播放的死亡影片。夫妻失去了期盼已久的幸福晚年，結婚三十年但對方患病，還有誰陪你話當年？你無法確定對方是否依然愛你，而你可能也不愛對方現在這樣，該怎麼辦？你想要和對方有心靈互動，過去他們能做到但現在永遠做不到了。所以他們的失去等同於你的失去。最後他們過世時你不禁想，自己認識的人、認識的靈魂在很久以前就離開了，所以躺在棺材裡的到底是誰？

摯愛死於阿茲海默症，哀傷的滋味更加複雜。你可能會自責他們死後你感受最深的竟然是解脫，你還會產生內疚、後悔、哀傷，通常還伴隨著恥辱。有時候親人想到自己把阿茲海默症帶進家族中就感到羞愧，好像生病是做錯事一樣。

請你一定要記得，生病不是你或你的家人造成的，所以無須掩飾。而且阿茲海默症算是相對近代的疾病，希望未來對於疾病的了解越多，越能將它除魅，不再令人羞愧。

驟逝

在某個閒來無事的禮拜四，或是週末忙著加班時，突然傳來一陣敲門聲，突然之間世界風雲變色，我們在毫無預警的情況下，發現摯愛永遠離開了人間。

怎麼可能呢？之前還好好的，現在卻不是這樣。之前人還在這裡，現在卻永別了。在沒有任何預兆之下發生的死亡最難令人接受。突然的消息和失落令人難以承受，世界怎麼可以一聲不吭就激烈改變呢？你沒做好心理準備，也沒有說再見，只感受到最強烈的撕裂感。因此摯愛驟逝帶來的抗拒階段將會更加漫長而深刻。我們在瞬間被推到一個異樣的新世界。他剛才還在這裡做早餐，到了午餐時間已經天人永隔了，這該如何理解？當然無法理解。

親人驟逝讓你沒時間做心理準備，承接晴天霹靂般的痛苦，所以你的震驚會持續很久。你的心智無法理解，你和妻子還在討論明年暑假要重新裝潢還是去度假，隔天你卻在幫她挑棺材。你不哀傷，因為你還不能哀傷。你現在正在墜落，哀傷被深埋在震驚、創傷、心痛底下。哀傷會在原地，等你幾年後從震驚中恢復，著手開挖。

驟逝的起因包括疾病（已知或未發現的）、意外、犯罪事件、恐怖攻擊。如果親人因疾病而猝死，可能事前毫無徵兆。看起來很健康或是即將康復的人，也可能會死於突然心臟病發作、中風以及諸多疾病。

對一部分人來說，親人的死亡來得越突然，他們越需要時間來哀悼這份失落。他們在死者離開前沒機會道別，所以抗拒階段特別漫長。這些人也不能在最親近的人協助之下重整生活步調，因為他們已經死了。你在毫無預警之下被拋進巨大的失落中，而且還得籌辦葬禮。

你身陷失落，沒有時間讓心思跟上現實的腳步，之前沒機會和親人討論的後事細節，這時就像打拳擊般一拳拳往你臉上灌。火化還是土葬？棺材要用什麼樣式？要通知誰參加葬禮？葬儀社怎麼請？死者生前想要怎麼辦理？你自己又想要怎麼辦呢？你都還不能接受對方已經過世，又怎能決定葬禮細節？他應該隨時都會復活走進來，讓你發現原來這只是一場惡夢吧。

五十歲出頭的阿涅特個性和善待人親切，很難接受才大她兩歲的丈夫已經離開人世。她說：「我感覺還是很痛苦，大家都叫我搬家，說我家一個人住太浪費了。但我家就像是史特拉底瓦里小提琴一樣珍貴，無法輕易割捨。我要怎麼解釋才能讓別人了解，失去那棟房子就像是再度失去丈夫羅賓？他比我更常待在家，他每天都去院子弄東弄西。或許有一天我會搬走吧，但現在我不會搬家也不會停止想念他。這房子是他的一部分，其他人是很難懂的。」

雷娜的丈夫哈爾有胃痛的毛病，消化也不好，但他一直以為這只是胃食道逆流。醫生建議他接受腸胃道攝影檢查，他也抱著改善狀況的心情配合檢查。過去幾年來，哈爾減重且戒菸。就在那改變命運的涼爽春夜，哈爾在睡前再度出現消化不良的狀況，整個晚上輾轉反側。後來因為失眠，他甚至開始烘衣服。

雷娜知道哈爾睡不著，不過哈爾要她躺著就好，最後他終於也躺下來了。雷娜問他狀況如何。

「好像好一點了。」聽了很高興的雷娜回去睡覺。

一個小時之後，一陣奇怪的聲音吵醒了雷娜。「老公，」她問：「那是什麼聲音啊？」

哈爾沒有回應。她問：「怎麼不回答我？」她輕推哈爾。

「我不知道那就是死亡的聲音，喉頭發出咕嚕聲。」雷娜拿起電話想要撥打911，「結果因為太慌亂，打成了411。」

最後她終於接通電話，她告訴接線生哈爾雙眼向上翻了過去。

接線生問：「他還有呼吸嗎？去靠在他嘴巴旁邊聽看看。」

雷娜什麼也沒聽見。

「讓他躺在地上。」接線生指示雷娜該怎麼做，不過她個頭小，搬動哈爾相當吃力。接線生聽到她氣喘吁吁，便問：「家裡還有誰可以幫忙嗎？」

雷娜回答：「沒人了，只有我們。」

這句話讓她驚覺，所謂的「我們」只剩下她了。

急救人員很快抵達現場，卻證實了她早就知道的事情，那就是哈爾已經回天乏術了。

「他人還在這裡，」雷娜哭喊：「怎麼會已經走了？我不相信。」

後來雷娜說：「你在晚上睡前還跟他親吻道晚安，隔天早上人卻去到葬儀社安排他的葬禮。我一直在想，他人在哪裡？他去了哪裡？我從十九歲就跟他在一起，我一直在想，這真是我做過最真實的惡夢了，我很確定自己一定是在做夢。我總以為自己還在睡覺，而哈爾就在我身旁安詳地睡著。

哈爾過世之後幾天，雷娜整個人精神不濟，任何小事都會使她陷進哀傷和難以置信的深淵。「我想做點事情，」她回想。「結果一打開烘衣機，裡面是他死前沒多久扔進去的衣服，我看了放聲哭喊。」

與其他死亡相較，摯愛驟逝格外不同。在一個極普通的日子裡，人就這麼走了，那無從告別的遺憾尤其令人心痛。怎麼會發生這種事呢？當初要是多做什麼就能改變結局？要是當初早一點回家、要是親人當時不出門辦事，要是他們不去旅行，又會如何？平常付諸行動都會考慮再三了，這時候更會反芻當初的考量：要是提早度假、要是提早結束假期回來看醫生，要是不讓他承受那麼大的壓力，他就能撐過去了……

雪莉在摯愛過世以後，認真檢視她心裡的那些「要是當初」。之前她和丈夫休伊計劃去印度旅行，行前為了接種疫苗前往診所。櫃檯人員問：「這次只要打疫苗就好了嗎？下個月兩位的體檢就到期了，你們可以今天做體檢，不然等到從印度回來後也行。」由於夫妻倆忙於行前準備，雪莉決定等到返國後再來預約體檢。

印度之旅如夫妻倆預期般順利，回國後休伊拿底片去附近藥局沖洗時心臟病突發過世。接下來幾個月雪莉震驚無比、哀傷萬分。要是在旅行前做體檢就好了，這念頭不停折磨著她。

為了緩和心中的內耗，雪莉做了一件值得讚許的事：她要求和醫生會談。她來到醫生面前，坦白說出因為沒先做健檢而內疚不已。

「雪莉呀，」醫生說：「你不能自責。之前休伊來接種時看起來狀況很好，就算我幫他健檢，也不會想到要做運動心電圖檢查（treadmill test）。他過去血液檢查正常，其他項目也沒問題，發生這種事情是怎樣也料不到的。」

聽到連醫生也不明白個中緣由之後，雪莉稍加感到安慰。她當然依舊哀傷，不過內疚感減輕不少，助她的哀傷階段大幅推進。

驟逝者家屬的輔導團體雖然大有助益，數量卻稀少難找，因此多數家屬選擇參加一般性質的輔導團體，證實了如前所述，親人離開的方式雖然不同，但哀悼的心情總是相通的。

然而輔導團體卻有一個爭議話題，那就是比較哪一種死法最慘、誰受的苦比較多。可能會有人說：「至少你的母親不用活受罪，你也不用看見癌症一點一點蹂躪她的身體。」

這時另一個人說：「但是你有機會道別，至少你知道她離開前的狀況。我可以放棄一切，只為換來十分鐘的時間和親人道別。」

死法沒有好壞差別，親人走了就是走了。後續引發的哀傷有多痛取決於個人，那個痛只有自己才明白。無論是其他死法或驟逝，家屬一樣需要天天哀悼。在他們離開後，如何在這個寂寞而毫無生氣的世界裡摸索找到出路？有時候不要改變生活現況，反而會帶給你貼近現實的感受。

例如菲爾在妻子克絲汀過世以後不太想重返職場。合夥人表示菲爾需要多少時間來調整步調都可以，不過菲爾認為他需要遵循某種生活模式才不至於精神錯亂。現在回想起當時，他說：「我需要一個不被她的死亡改變的領域。」

菲爾發現，靠著繼續工作以及和朋友碰面，讓他找到活下去的力量。慢慢地，驟逝者家屬會發現，他們不但活了下來，甚至能夠再度享受人生，讓他們感到震撼。

索尼婭這樣說道：「一直以來，我都很想加入讀書會，但結婚和工作剝奪了我的時間。傑西過世後雖然我幾近崩潰，卻也發現再這樣崩潰下去，也不能讓他回來。後來我終於加入讀書會，才意外發現原來我是那麼喜歡這種活動。我總以為在傑西過世以後，再也沒有多餘心力擴充新知，不過我錯了。」

經歷驟逝悲劇的人，情緒經常會被幾個關鍵字觸動，例如「突然」。克萊絲汀經常提到，她很難忍受聽到別人說「蛋糕『突然』就準備好了。」「『突然』之間就要去看電影了。」她比任何人都清楚，「突然」這個詞真正代表的涵義能有多可怕。

如果親人因犯罪事件而驟逝，格外不同的因素增添了家屬的哀傷。犯罪代表有犯人，亦即這起事件是可以避免的。家屬想像親人受傷慘死以及臨終前無人安慰的畫面，心裡產生創傷。這時司法（justice）體系也在哀傷中扮演角色。犯人找到了嗎？如果找不到，社會大眾要如何安心？警方盡全力了嗎？

倘若犯人沒有落網，會使家屬心中無法放下，哀傷無法療癒。然而就算犯人落網，受害者家屬會說判刑往往太輕不符犯罪比例，他們的哀傷這時又牽涉到了立法（legal）體系。此外，犯罪的隨機性令人焦慮難安，例如每分每秒不分日夜都有人用提款機取款，但為什麼偏偏是我最要好的朋友在領錢時遭搶還死於槍下？那麼多人開車，為什麼只有我兒子被酒駕肇事者撞死？

一個六歲的小女孩在燠熱的週日午後，問母親可否讓她去巷口買冰淇淋吃。

母親說：「等你做完家事再說。」

女孩做完家事後，再度提出要求。

「你可以去了，」母親說：「不過還是等到哥哥回家吧，讓他帶你去。」

一小時內，哥哥回到家帶女孩出門，當她高高興興吃著甜筒回家時，卻被一顆流彈擊中，當場死亡。開槍的人是誰？為什麼要開槍？始終沒有答案，母親只能想辦法與這起無故發生的悲劇共存。想起開槍殺害女兒的無名氏便讓她憤怒不已，但她心中的怒火和後悔該向誰發洩？要是女兒第一次要求時就帶她出門，她就不會死了嗎？母親總是在想，出門時間不同是否能夠改寫結局。這答案她是永遠不會知道了，她所知道的只有悲劇帶來的椎心之痛。

致人於死的犯罪案件發生後，人們總會幻想能夠改寫結局。家屬看其他人的訃聞時，第一個看的就是死者是否小於某個年齡且因疾病或犯罪事件而驟然離世。他們想要藉由比較驟逝的原因來安慰自己，原來別人也會遇到類似的狀況。

有些人尋求外界協助，有些人把痛苦留給自己，但無論如何他們都能感受到心裡的失落多麼深沉。

做了再多心理準備、接受再多提醒，面對死亡依然格外艱辛。如果死亡來得太突然，將使得局面更加複雜。然而只要觀察大自然，就會發現萬物皆有消長，領悟到人會活著，人會死去。理智上我們明白每一個生命都有自己的季節輪替、時間流轉，但人們總認為唯有見到滿地落葉才符合秋意景象，如此狹隘的聯想令你心煩意亂。

試想，若秋日意象僅限於枯葉滿地，那麼當綠葉離枝，又該從何解起？

CHAPTER

05

哀傷的盈虛消長

「你該不會要永遠哀傷下去吧？」

「走完五階段要多久？」

「你哀傷得還不夠嗎？」

「你差不多該恢復了吧？」

失親之人經常聽到這些問題，真替他們難過。

哀傷不僅是經歷一連串事件，又或是走過幾個階段、完成一張時刻表那麼容易，現代人還承受巨大社會壓力，不得不克服失落、克服哀傷。試想結縭五十年的丈夫逝世、青春洋溢的兒子車禍過世、四歲的孩子離世，你需要多少時間哀傷？一年、五年、一輩子？轉眼間失去的摯愛，你用一生來回應。

哀傷如此真切，是因為你失去了活生生的一個人。哀傷在心中刻畫的銘記，就和逝去者一樣獨特而絕無僅有。失去摯愛帶來的痛楚如此鮮明又心碎，因為我們在愛中得以和他者緊緊相繫，想到連繫斷裂，哀傷油然而生。你以為你不想哀傷，事實上你不想要的是失去的痛苦。哀傷的療癒過程，最終必能寬慰痛苦的你。

愛與痛永遠相依，不想因為失去而痛苦，意味著不想牽涉其他人的愛與生命。C．S．路易斯曾說過：「現在的痛苦有部分來自過去的幸福，這是一種等價交換。」因此排斥失去，等同於抗拒愛的施受。不想跳進親人死後帶來的無邊苦海，人們往往一頭栽進抗拒的階段。這時「我不敢相信」、「怎麼會是我」等反應，其實是協助你面對失落感的有利工具。人在這個時候還很難接受摯愛已經離去的事實，從接受死亡到重拾生活，哀傷是不可或缺的階段。

不管做什麼事情，人都想要做準備。提前幾週準備慶生，提前好幾個月籌備度假，一年前就開始籌辦婚禮，提早數十年規劃往後的退休生活。但是「死亡」這趟人生最為盛大的旅程，往往突然就啟程了。我們從來沒有準備好，要讓摯愛展開誰都不想面對的神祕旅程。

死亡是一道怵目驚心的分水嶺，將世界一分為二，這裡是摯愛從前和我們生活的地方，那裡是他們現在存在的場所。這條分際線無限延伸，區分出時間前後：之前他們存在，之後他們不在。這條線的劃分不理會我們是否在場，是否許可。這條線排除生者，只為死者存在。線的這端是我們，那端是我們愛過且失去的一切。

帶給人療癒結果的哀傷往往寂寞且勞心勞神，其實並沒有任何一種架構真能協助你走出失親之痛，也沒有工具能抑制澎湃的情感。出事的時候，朋友也不知道該說什麼或做什麼，所以在失去摯愛以後，我們不禁害怕，自己真的撐得過去嗎？這份恐懼隨著時間過去，轉變成憤怒、哀傷、自我孤立，變成接二連三攻擊我們的各種情緒，所以我們需要求救。

這個時代見證的死亡、經歷的哀傷遠勝過以往。美國前總統甘迺迪是媒體寵兒，雖然他並非首位遭受暗殺的美國總統，卻是第一位在暗殺時被電視全球轉播的總統，那時美國民眾以前所未有的方式，被緊緊綁在共同的哀傷中，這個集體記憶的凝聚力至今依然存在。

不管是身處於公開場合或是最私密的個人領域，我們都被來自國內外的哀傷影像用前所未有的方式持續轟炸，諸如黛安娜王妃、德蕾莎修女、甘迺迪等名人逝世或如九一一恐怖攻擊事件，比生命更巨大的死亡消息如潮水般席捲全美。

名人逝世以及大型紀念儀式讓我們再度找回群體感，讓人想起許久以前我們在故鄉小鎮送親人最後一程的回憶。那時不像現在這樣，在醫院、葬儀社離世，而親戚們遠在天邊無法參與告別。

一個世紀以前全然並非如此。死亡讓眾人凝聚，有人會去敲響喪鐘，遺體放上冷卻板確保不腐，有人收集材料做棺木，有人縫製壽衣。遺體停靈供人瞻仰，鎮上所有人都來見死者最後一面。

那時候，所有人都互相認識，每一位賓客來致意時都帶著死者的故事，眾多故事交織，多采多姿。葬禮主持人熟悉死者，把我們的哀傷說得恰如其分。死者下葬時親友在側，之後大家一起收拾善後；幫忙時大家不會問他們能做什麼，能幫上什麼忙。該如何幫助失親者，在那時候一點也不難懂。

然而現在的世界抗拒死亡、排斥哀傷。美國人再也無法死得其所，痛得心安。從上世紀四〇年代開始，病人得去醫院，死人被送去葬儀社。現在我們在陌生人的身邊死去。病房一次只開放幾位家屬進入。至於安寧照護雖然本意良善卻難以取得。摯愛離世，家人難以相聚。就算家屬真的到場，醫療系統強迫家屬輪流進入病房，而且十四歲以下的孩童往往不被允許進入。

如果為了預期性哀傷向醫師求診，他會開藥，不然還能怎麼辦？他只是一個二十七歲的醫生而已。他時間有限卻有許多事要處理，護理師也一樣。醫護人員都是一片好心又想幫人，然而醫療體系面對患者，預設目標只有治癒。該拿臨終病患怎麼辦其實沒有明確指示。親人過世時醫護人員寥寥數語通知完畢，可能還是用電話草草講完，話語中的情感就跟宅配投遞單一樣平淡。如果親人過世時我們在場，護理師會告訴我們怎麼去太平間。

我們見不到摯愛的臉龐，等到可以瞻仰遺容時他們才會神奇露臉，然而那是一張絕非屬於生者的死亡面容。現在移靈時再也不用優雅的黑色靈車，而是普通的白色廂型車。葬儀社的領班會來處理所有事情，你可以在報上發訃聞但沒有人敲喪鐘，我們並不住在互相認識的小鎮裡。現代人不像從前頂多搬兩次家，可能會搬遷十到二十次，家人可能不住在街角而是天涯海角。

現代社會講求生產力，多數公司准許員工請三到五天的喪假。少有公司會說：「你就儘管放假吧，這段時間是很難過的。」而職場也預期你家每年只發生一次死亡事件，喪假放完就必須重返職場。雖然身體回到辦公室，但靈魂卻未必。結果我們卻被迫把哀傷快速畫下句點，而且不准有誰用不同的方式和速率處理哀傷。

然而你不一定要用這種方式面對死亡，你可以讓這過程更有意義。本書兩位作者大半輩子都在輔導個案面對失親與哀傷，我們曾經參訪集中營，在那裡的牆上看見蝴蝶的刻畫。蝴蝶永遠象徵蛻變，即便面臨巨大的失去，生命依然用某種形式持續下去。我們曾經和德蕾莎修女晤談，見證了這位人類良心的化身。人在逆境會產生力量找出一絲希望，而哀傷和死亡一樣能替生者帶來轉化。給予哀傷時間，未來當你想起、追思你所失去的那些人時，便將不再心痛。

CHAPTER

06

伊莉莎白・庫伯勒—羅斯：我的哀傷

二〇〇四年，七月十七日

哀傷對我而言並不陌生，不過我的哀傷很少被人真的看見。雖然助人面對死亡和臨終是我的職業，我卻在生命晚年才接觸自己的哀傷。這九年來我因為中風部分肢體癱瘓，儘管明白自己還活著是有原因的，卻經常認為自己已經失去了生活目標。這九年來，我和另一位作者繼續寫了兩本書，讓我得以重新審視、回想之前處理過的失落經驗，進而想起自己的。

寫書過程讓我的經驗得到淨化，大衛和我邊寫邊討論，我的哀傷因為得到他人的見證而浮上表面。我在兩本書[5]的寫作過程中數次哭泣，我覺得自己是作者，也是本書的實踐者。現在無法下床的我，能夠感受到我接觸過的那些生命與失去中所包含的痛。死亡是我生命中的一部分，但我總是和自己的哀傷保持距離。之前我曾多次提到，我因為這份工作而發現原來死亡並不存在，當然這是一種靈性以及象徵意義上的說法。

當摯愛過世的時候，死亡帶給現實層面的衝擊再真切也不過。第一次體會到死亡與現實之間的強烈對比時，我才八歲。當時我生病但父母以為我只是小感冒，結果病情一直沒起色，所以我被送進醫院，病房裡有一個小女孩年紀跟我一樣大。

眼前都是穿著白袍的人走來走去，我知道小女孩的病情比我還嚴重，我還發現她沒有訪客。皮膚如瓷器般透白的小女孩幾乎沒跟我說上半句話，但我從她的沉默中讀懂許多。幾天過後她告訴我，那天深夜她就會離開人世。我聽了很擔心，但她說：「不要緊，天使會等我。」

朋友即將展開遠行，而我並不害怕，感覺只像太陽即將西下那般平常。雖然應該不會有人幫她送終，但我感覺到有其他人從另一個次元照顧她。她過世的時候身邊沒有家人朋友，但我並沒有太過哀傷，因為她之前那番話令我感到安心。即便如此，我依然認為她的死亡很冷清、孤獨、寂寞。

過了幾年之後，我再度遭遇另一場死亡。爸媽的農人朋友在五十多歲時從蘋果樹上摔下來，摔斷頸部。醫生說他們已經無能為力，所以農人從醫院被送回家，靜待死亡到來。在那之前，他還有足夠時間讓親友趕來見最後一面，他的床被調整到面對一扇大窗，他可以眺望外頭的自家花園，欣賞裡面的花朵。這種平靜的告別方式充滿了愛，雖然哀傷卻也溫暖，

5 編註：指《論哀傷》與《用心去活》兩書。

不同於之前的醫院小女孩之死。所以在我生命晚年，我自然也在房裡擺滿了花，眺望大窗外的風景。

我的父親安斯個性強硬，他替我們三姐妹決定出路。我應該做祕書，艾瑞卡走學術，伊娃則應該接受通識教育。

我對此充滿疑惑，為什麼我只是三胞胎之中的一個，這麼沒有辨別度？似乎打從我落地，就失去了作為個體的獨特性，連爸媽都分不出來我們姐妹誰是誰。我也不明白為什麼爸爸這麼強硬，媽媽卻慈愛無比。我也永遠不會得知為何自己會誕生於蘇黎世，出生時只有兩磅重（將近零點九公斤）。

許多人不知道我出生時曾造成轟動，但帶來的並非正面的名聲。像我們三姐妹這樣的三胞胎太罕見了，我們被公開展示。現在因為人工生殖技術，所以雙胞胎、三胞胎甚至四胞胎的狀況很常見，但要記得從前並非如此。我記得三姐妹的照片被放在大型廣告招牌上，我不被當作一個個體來看待。正因從不認為自己重要，我反而能夠覺察一個人在別人眼中的重要性，也能體會到大大小小的失去都有其影響力。

我從很小的時候就學到，不要哭，不能有感覺，不可以為了自己哀傷。小時候家裡一直有養兔子，每一隻我都非常喜歡。問題在於父親個性節儉，每六個月他就要抓一隻兔子烤來吃，替晚餐加菜。我得把心愛的兔子一隻隻帶去給屠夫宰殺。但我總是很小心，不讓最心愛的兔子小黑被抓到。小黑是我的，是我的最愛，只屬於我。

因為我一直多餵牠吃東西，小黑變得很胖。最讓人害怕的一天終於到來，父親要我把小黑帶去給屠夫。我不能讓這種事情發生，我拜託小黑快逃，但我越趕牠越以為我在跟牠玩，所以一直跑回來。不管我做什麼，小黑都會回到我身邊。讓我越來越難過的是，我發現小黑也愛我。

該來的很快就來了，父親叫我帶著小黑離開，還要我發誓一定要把兔子送到屠夫手上。我照做了，過程中哭個不停。過沒多久，屠夫拿了一個袋子出來，裡面裝著死掉的小黑。「你的兔子，」他把袋子遞過來，我伸手去接的時候彷彿無法動彈。我還能感受到小黑的體溫，這時屠夫說：「現在就把兔子殺掉真是太可惜了，這是母兔，再過一兩天就要生了。」那天晚上家人吃著小黑，我覺得他們都是食人魔。但往後四十年，我不曾為了這隻兔子或是任何人哭泣。

後續結果終於在夏威夷爆發。為期一週的工作坊期間，小氣房東什麼都要跟我收費。我對這名男子的憤怒在後續五天飆升到不可置信的高度，我氣到想要殺他。我奮力壓抑怒氣，才不會毀了工作坊進度。等到回家以後，朋友問我為什麼那麼生氣。起初我有點抗拒，後來我說起這件事，突然驚覺自己邊說邊抽泣。原先的怒火被深埋心中的哀傷取代。我發現自己不只是氣房東而已，他凡事斤斤計較的個性讓我想起節儉過頭的父親。我在那一刻變回了替小黑哭泣的女孩。接下來幾天，我為了小黑以及其他未曾感受的失去，盡情哀傷一番。

或許壓抑哀傷讓我學會幫助其他人發現他們的哀傷，我也在此過程中，一點一滴間接療癒自己。我深切盼望這本書讓讀者在更直接療癒哀傷的同時，感到更加安適。

我想到第二次世界大戰結束時，年輕的我參觀了集中營，哀傷的心情把我沖垮。在那裡失落無所不在，我想要找到一個東西、一個象徵，好讓我理解這些人如何度過如此緊迫難耐的失落。我走過巨大的牢房，人們像動物一般被關押在這裡。我看到牆壁上有刻畫。從前的人在牆上刻下名字、日期等留下紀錄，表示自己曾經存在於此，不想遭到遺忘。這些刻畫中有一個圖像反覆出現，那就是蝴蝶。蝴蝶全世界都有，但你絕對想不到死亡集中營裡也有牠們的蹤跡。之後二十五年來我總想知道為什麼營裡有那麼多蝴蝶。現在我終於明白，蝴蝶是轉化的象徵，代表不管遭遇何種經歷，生命都會蛻變。

回頭看我自己的失去，我發現自己也撐了過來。在我跟伊曼紐爾．羅斯（曼尼）的婚姻裡，我曾經流產過。我相信這是更高力量的安排，並藉此信念繼續工作、重拾人生、無所畏懼，結果我再度流產。我曾經兩度獲准加入夢寐以求的小兒科住院醫師培訓，兩次都因為懷孕被迫退出。由於所有的「好」機會都被選走了，我只能加入精神科住院醫師培訓。我很擔心自己會變成總是流產的女人，但生命自有安排。一年之後我的長子肯恩出生，接著是次女芭芭拉。如果沒有經過如此曲折的命運安排，我不會有今生的成就。我的生命似乎就是包含著失去與新的生機。

我所經歷的另一次重大失去，是前夫曼尼之死。我們在離婚後維持友誼，每週談話。他死後我幾近崩潰，因為我們幾乎算是一起長大，而且他是我孩子的父親，我對於彼此的時光懷有美好回憶。但是肯恩長大後穿上曼尼的西裝，我覺得好像看到他回來了。我也在芭芭拉以及孫子的身上看見曼尼的個性。一想到我所有的失去、包括我自己的死，都將成為活下來的人的一部分，便難以抽離心裡的預期性哀傷。

多年以後，我在一九九四年買下維吉尼亞州一處占地三百英畝的農場，希望將那裡打造為治療場所，部分區域收治愛滋寶寶，結果當地人很不高興。我已經習慣了死亡帶來的汙名，而被汙名化的愛滋病患在我看來並無異於其他被社會貼上標籤的族群，結果我小看了當地人對農場的恨意，那裡毀於縱火犯的手中。

農場失去了就是失去了，否認也沒用，所以我接受了。我這一生歷經許多波折，絕不輕鬆。我這不是在抱怨，而是陳述事實。我學到磨難與喜悅共生，而苦與樂總是相依相隨。

未知死，焉知生？我相信人這一生是為了學習付出愛、接受愛，以及學習成長。話雖如此，沒有任何失去比至親離開更痛。看遍人生風景，我相信每個人都會經歷磨難，但是苦難只會使你更加堅強。人生很難，活著更是掙扎，生命就像是求學，越往上爬課程愈加繁重。你懂得越多，課程變得更加困難。

我還有一個遺憾需要哀悼，那就是治療我的現代醫療體系。外人總說我否認自己事業的重要性，我不是在說自己的醫療生涯。我所哀悼的是世界上失去了「真正的治療」，醫療從療癒變成了管理病體。醫療決策者只是辦公室裡從沒見過患者的某人，不曾來到病床前。從前我所認識的醫療界現在令我深感哀戚。

身為這個醫療體系中的病患，有時我會質疑自己之前當醫生的投入能否改變體系，這其中的哀傷已經提過了[6]。我之前和許多很棒的個案共同努力過，所以我相信廣義來說我的確做到了什麼。但從細節來看，我看到的是醫療界的非人化，這讓我很失望、難過。這是我至今未能平復的真正損失。

我這一生都在幻想未來的醫療界能走向全人醫療，照顧全面性的需求。雖然我手上握有比其他人還多的資源，我的保險公司卻僅能給付次數不多的物理治療。我的個人需求沒有被真正關切。

二〇〇二年，三姐妹之中的艾瑞卡重病。我坐飛機去探望，並且自願要捐腎給她，希望能藉此挽回她的性命。她說：「如果我時間到了，那就是到了。」這時候人很容易陷進憤怒、哀傷。我雖然理智上明白她時間已到，但就是不希望看見她死去。我還記得小時候三姐妹約定好，要永遠照顧彼此。我們降生時那麼親密，離開前也會一樣嗎？艾瑞卡離開以後，我發現接下來輪到我了，我因為自己的死而陷入更深一層的預期性哀傷。

多年來我一直處於預期性哀傷的狀態，這是你人生中最赤裸的時刻，無論別人勸你該做什麼、醫療體系要你該配合什麼，你做你自己就好，要憤怒要哀傷都可以。現在距離死亡如此靠近，我眺望窗外風景，我已經等待許久。幾年前我以為自己該上路了，雖然那時就在死亡邊緣，但我現在依然活著，因為我需要學習耐心，學會接受他人的愛。生病九年迫使我學會耐心以對，但接受愛對我而言依然不容易。

我知道死期將近，然而應該還需要一段時間。我就跟多年來的其他人一樣躺著，眺望著大窗外的風景，身邊有花朵圍繞，這和我小時候第一次經歷的圓滿死亡相去不遠。過去這

6 譯註：羅斯醫師另一本書《天使走過人間》提到自己中風後會做一些「脫序病人舉動」，例如在病房裡抽菸，這當然是被嚴格禁止的。她懷疑禁菸對她有幫助嗎？

些年我宛如被卡在飛機跑道上，我不被允許動身離開，不能死亡，也不能回到過往的生活完整體驗生命。我現在越來越了解預期性哀傷所包含的痛苦，也越來越了解我的個案經歷的心境。在這段期間，我還有我的孩子，以及兩個出色的孫子，我還是很愛自己的工作。寫作此書讓我覺得就算即將不久於人世，我還是很有用的。

像我這般求死不能，宛如惡夢一場。癱瘓和經常發作的疼痛折磨著我。多年來我生活起居完全仰賴他人，對我而言是很難受的。我中風已經九年，我急於離開人世。用自己的說法，就是我想「畢業」。

我現在知道我的人生目標不僅限於走過各種階段。我有婚姻、孩子、孫子。我寫書、旅行。我曾經愛過也失去過。我所經歷的遠超過哀傷五階段，你也是如此。

你要了解的不僅限於這些階段，不僅限於失去的生命，也要擁抱曾經活過的生命。

CHAPTER

07

大衛・凱思樂：我的哀傷

九歲的時候，我們住在距離墨西哥灣只有幾條街的不遠處。當地每年夏天都有颶風來襲，雖然每年颶風都有新名字，但防災工作和面對災害的恐懼是不變的。一九六九年的颶風卡密爾永遠改變了我的世界。

那天晚上，一百多名災民躲在當地小學體育館裡，那裡被紅十字會改建成避難所。那是人生中最為喧騰的一晚，我記得最清楚的就是物品摔落的聲音，還有呼嘯的風聲。我知道如此翻騰的風勢代表的是死亡和破壞；外頭有人呼救，然而無人聞問。

突然之間，所有動靜都停止了。沒有風聲，沒有雨聲，沒有任何聲音，一片死寂。這時我們進入了暴風眼。離開中心以後風雨再起，這次是從另一個方向。剛才的呼嘯聲和物品摔裂聲重新進入耳裡，真不知道該怎麼撐過那個晚上。

日出之後，我擔心家裡不知道變得怎樣了，希望我的小鸚哥「藍眼」沒事。開車回家的路上，我看不出來哪裡是哪裡。駛過街角，我從剩餘的混凝土殘骸看出那原是鄰居家所在。我家前院堆滿了大小石塊，還有其他房舍的碎片。有些樹被吹倒了，有些壓在屋頂上。當我看到前門和窗戶都不見了的時候，我知道藍眼大概也凶多吉少了。

明明是衝向房間，卻還是覺得宛如慢動作前進，我邊衝邊發現家裡的家具都不見了，地板一片泥濘。不管是床鋪或鳥籠都不見蹤影，也找不到藍眼。隻身一人站在房裡，曾經熟悉的房間現在看來卻一陣淒涼。我沒有想像（或無法想像）自己失去了多少，但我能感覺到失去的重量，這就是我第一次感受到哀傷。我失去了房間、小鸚哥，還有我的家。我不知道鄰居都去了哪裡，一直不斷找人搭話。「小鳥一定可以飛走，躲過這場災難吧。」我還記得我問到父母都很煩，後來我找到有誰願意聽就一直發問。

終於有人用嚴厲的口氣回我：「大衛，你看不出來所有東西都摔爛了、被吹壞了嗎？鳥籠被吹走了，小鳥不可能活下來。」

雖然這番話很傷人卻很有效。雖然不知道原因，但我終於可以放棄尋找小鸚哥，感受自己的失落。後來在紅十字會協助下，我們另外租了一間房子重建生活，但是已經回不到從前那樣了。

在我童年期間，母親健康狀況一直欠佳。一九七三年的新年除夕夜，我走進母親養病的房裡。我親一親她，然後說：「祝你今年好起來喔。」過了幾天，她從當地的小型榮民醫院轉到了更大間、設備更好的榮民醫院。

父親和我投宿在醫院對面的飯店裡，中間隔著一個公園。我們大多時間都待在飯店大廳，因為母親在加護病房裡，家屬只能每隔兩小時探望十分鐘。某天早上，我們才剛吃完飯店早餐、正動身要去探病的時候，大廳起了騷動，大家跑來跑去，槍聲響起。屋頂上有狙擊手。過沒多久到處都是警察，人們躲進建築物裡避難。

後來我們總算去到醫院，趕上十點那場的探病時段。一個小時後母親過世，沒有其他人陪伴。醫生勉為其難同意讓我父親看她的遺體，但我因為年紀太小不被獲准進入。我的心沉了下來。護理師帶我父親進去時我偷偷跟在後面，希望不要被發現。

來到母親的病床前，她已經失去了生命跡象。我還記得那時我心想，移除了導管和儀器後，她看起來安詳許多。我也記得前幾次探病時感覺很疏離，那時她臉上戴著氧氣罩，身上吊著三、四瓶點滴，還接著血液透析儀器。試想在這種冰冷的情境中，要跟摯愛道別、親暱互動以及感受到生命將逝的完滿，對成人來說有多困難？更別提是孩子了。

見到母親最後一面時，至少她身上沒有那些管子了，這讓我如釋重負，但我覺得自己的隱私不被尊重。加護病房裡還有十七名病患，而且護理師就站在我們和母親的身旁，完全不讓我們獨處，準備等我們短短的瞻仰時間一結束就趕人。那天還沒結束我們就上了飛機，帶母親遺體回去下葬。那是我最孤單的時刻。

我知道死亡不該是這樣，母親之死帶來的失落一直沒有被好好處理。我有好幾次都看到父親哭泣，他也看過我哭泣，但是我們都不提這件事，我們也沒有一起哭過。雖然我年紀還小無法表達清楚，但我知道自己的哀傷值得被看見卻被忽略。我在那一天經歷了死亡、槍擊、警方執行任務，又坐了飛機，小小的心靈被事件填滿，一個孩子要怎麼消化這麼多事？

結論就是我沒有消化，導致我本人和我的家庭付出慘痛代價。多年以來我沒有面對這個失落，等到終於面對之後，我很幸運地選擇了一份工作，能藉由幫助他人度過疾病、死亡、哀傷，整合我的認同、療癒哀傷。但並非所有人都有機會將哀傷和失落導向正面的出口。我心痛地意識到，原來失落可以輕易地毀了我的人生。我看到許多相同經歷的人最後淪於吸毒、犯罪，甚至自殺。我經常想，「若非神的恩典，我也會走上同一條路」。我的職業證明，我們一再教導別人的，就是自己需要學習的課題。

我在快要邁入三十歲時參觀奧斯威辛集中營，那天讓我對於哀傷與失落的了解延伸到無法想像的境界。我看到數千雙孩童的鞋子、貼著身分識別標籤和旅行貼紙的舊行李箱，以及眼鏡等個人物品。我無法想像這些東西曾經屬於一個人或一個孩子。我安全地站在曾處死數百萬人的毒氣室裡，使我陷入之前難以想像的深沉哀痛。從前我只感受到個人層面的失落，眼前這是全人類共同的失落。接下來數個月我感到憤怒，後來我才明白那情緒源自於自己的哀傷。

八〇年代中期，我在居家醫療業工作。當時愛滋病正在蔓延，醫院未能善待愛滋病患者。護理師怕被感染，不敢把食物送進病房，就把膳食放在門邊。只有體力足以下床的病人才得以進食，下不了床的就吃不到。對於愛滋的恐懼讓病患的醫療和情緒都被無視。在早期，沒有人知道什麼叫做「基本醫療需求」（necessary medical care），也幾乎沒有人道關懷。

洛杉磯是愛滋病重災區之一，娛樂產業深受重創。愛滋病患求助於居家醫療，因為醫療院所出於各種理由不願意收治病患。醫院不想收感染不明傳染病的患者，安養院則受限於聯邦醫療保險（Medicare system）的限制，有六十五歲以上的年齡門檻，而愛滋病患者年齡遠低於此。

我所任職的機構「先進護理」（Progressive Nursing Service）率先跳出來，照護染病的男女性以及孩童。朋友瑪莉安．威廉森決定推出「天使送餐」計畫服務愛滋病患，我也加入了，因為當時的送餐計畫只服務長者。平時在護理機構工作，又加入送餐計畫，我的身邊充滿了各種愛滋病相關事務，我彷彿身陷戰場。我們服務的對象正在死去，同事正在死去，朋友也難逃死亡。當時的我心裡充滿失落，感受麻木。但我不能坐下來好好哀傷，感覺湧上來會把我淹沒的。

幸好我的工作可以跟使命結合。雖然那是我人生中最哀傷的時刻，也是我貢獻一己之力的絕佳機會。我記得疫情達到巔峰的時候，我每週都要出席葬禮。我在葬禮會場上學到了追思的重要性，也發現特別保留時間和地點為每一種失落哀傷的必要。那時候的人以為只有男同志才會得到愛滋病，但我們打從疫情一開始就照顧女性和孩童病患，知道事情並非如此，而且致命的愛滋病毒並不在乎宿主的性別年齡，病情迅速在美國、非洲以及世界各地散播開來。

如果宇宙想要人類關注某種課題，似乎都先從年輕男性下手。戰爭是一例，愛滋病也是。如果不剝奪年輕強壯男性的力量，進而影響他的母親和家庭，人類就學不到慘痛教訓。我在照護過程中，學到了何謂「被剝奪的哀傷」（disenfranchised grief），也就是不被承認且被輕視的哀傷。孩子死於愛滋病，家屬不會展露他們的哀傷，且在對方過世時斷絕關係。我曾經致電給年輕愛滋病患的家屬，盡可能用溫和的口氣告知他們的兒子過世了。父親拒絕承認自己有這個兒子，我還以為自己打錯了電話，但我聽到他說：「從他提起自己染病的那一刻起，就不是我的兒子了。」說完他掛掉電話，我們只好籌錢替死者辦葬禮。

愛滋病不僅讓我看見了被剝奪的哀傷，也讓我發現如果死亡成為禁忌，哀傷就會無限膨脹。當我正忙於這場全球疫病時，位於沙加緬度的父親打電話給我說：「昨晚我夢見自己快要走了，我們可以找時間聚聚嗎？」

父親臨終是八〇年代末期的事了，那時我決定不要像從前母親過世那樣，這次我要和父親更從容地面對死亡。我把父親接回我家，儘量邀請他的至親好友來探訪，並且時時刻刻都有人照顧。父親面對死亡侃侃而談，讓我情緒複雜。看到他用平靜的心態準備好邁向下一階段，我雖然不捨但也替他感到寬慰。父親大方的態度和接受的心境讓我可以跟他一起感受到完滿，這種狀態是之前母親過世時我無法達到的。父子之間的預期性哀傷讓我倆關係更加緊密，最終我能夠幸福地握著他的手送他離開。因此與母親之死相比，父親的離去比較容易承受。

到了九〇年代中期，愛滋病在美國已經不再等同於死刑，而是可以控制的慢性疾病。那時既然雙親皆已去世，我也去過奧斯威辛集中營見證了人性最醜陋的一面，因此我有必要將曾經目睹、體驗過的失落完整呈現出來，因此第一本著作《臨終的需求》成為宣洩出口。那本書讓我從各方面重新審視曾經參與其中的失落。但是書寫完以後感覺還缺了什麼，我還有需要療癒的地方，那就是創傷。

我從自己的失落中發現，哀傷和創傷相依相生。創傷引發哀傷的情緒，而哀傷帶有創傷的痕跡。我為了探索兩者之間的關係，加入紅十字會的空難小組接受訓練成為志工，後來成為創傷小組的專業後備警員。我和其他人一樣，都有漫漫的個人歷史和失落經驗，造就了今日的我。在同一天看見警察執行任務、無能為母親送終，又匆匆達成人生首次飛行體驗的小男孩，被生命中的那一天永遠改變了。過去那個小男孩需要的，正是今天的我。當美國史上最哀傷的那一天到來時，我就和同行以及其他專業人士一樣，我的經驗和訓練派上了用場。

二〇〇一年九月十一日，我的電話和呼叫器都響了起來。美國紅十字會送來傳真訊息，我和其他救災志工都被徵召行動。

我知道全國的大型聯絡網已經啟動投入救災。我想要跳上最快出發的班機前往紐約的事發地點，但是所有飛機都停飛了。接下來朋友打電話來告訴我，我的好友貝瑞・波金斯要從波士頓飛往洛杉磯，而她預計要搭乘的飛機撞進了世貿大樓。

我的情緒翻騰，感到震驚、抗拒。原本急著想去紐約救災，當下卻動彈不得。如果沒確認貝瑞還活著，我什麼也做不了。無法確認朋友的生死、無法趕抵紐約都讓我覺得度日如年。

我和貝瑞的兒子取得聯絡，他證實貝瑞的確坐上了撞毀世貿大樓的客機。

我和兩個年幼孩子盡可能說明狀況後便展開工作。我和哀傷難忍的機師、空服員會談，他們失去了同事和親人，心裡充滿恐懼，不敢重返天際。幾週之後，我來到事發現場，被安排到停屍間工作。

前往臨時搭建的停屍間路上，我驚覺所見之處一片灰茫茫，就跟奧斯威辛一樣，然而這卻是發生在二〇〇一年的現在。空氣裡飄散著煙霧，氣味難聞至極，哀傷具體而觸手可及。停屍間讓我震撼的是，檢驗臺上沒有屍體，臺面乾乾淨淨沒有使用過的痕跡。每當尋獲遺體的鈴聲響起，所有人都會停下手邊工作。有些人立正站好，有些人禱告，我則是替可能看到的景象做好心理準備。我第一次被宗教師帶進停屍間接大體的時候，只看到一根手指被帶進來。隔天我和一位消防員的妻子會談，她丈夫的遺體才剛被尋獲。那時我體會到，沒有任何一種生命經驗可以讓我們準備好接受當下經歷的一切，我能在這種場合幫上忙，倍感榮幸。

每當回首這一生所經歷的哀傷，我都會想起第一次看到的死亡、母親的死亡。我還記得那個小男孩想要在母親離世時陪在她身邊，但他不被允許這麼做。幾年前我剛好有機會重返二十五年前母親過世的醫院，我站在毫無改變的加護病房門前哭泣。護理師走向前來問我：「你要進去探訪病人嗎？」

我看著她帶著善意的臉龐說：「不用了，我想見的人已經不在了，謝謝你關心我。」

我持續療癒自己的哀傷，它不會消失。我學會與它共存，現在總算在回憶往事時感到肯定，而且不帶心痛。我和伊莉莎白一樣有幸見上德蕾莎修女一面（不過我比她晚見許多年），我永遠記得修女跟我說的話：「生命是一項成就，死亡是成就的一部分。臨終之人只需要溫柔、慈愛的關懷，別無所求。」

那樣的人生與愛，那樣的失落與追尋，也是成就的一部分。

第一次失去至親摯愛的時候，生命彷彿沒有意義。走過哀傷五階段，我們得到的是有可能再度產生意義的人生，那是遭受失落當時無法想像的。我相信哀傷本身和其具有的特殊療癒力，會帶領我們從意義的喪失過渡到意義的再發現。如果哀傷五階段後面還有第六階段，我會把它稱為「意義」、「重新詮釋」。失去就是失去，沒有所謂的克服、康復可言；但我們或許能在這段歷程更了解離開的人，替自己的失去重新詮釋出更豐富的涵義。

藉由與伊莉莎白共事，以及體會自己的哀傷，我深知生命是脆弱的。我這一生關於哀傷的指導，都遠不及我從哀傷學習到的課題來得重要：我們愛過的人，以及用愛回報我們的人，永遠活在我們心裡。當你展開往後的人生，記得你已經變得更加堅強、豐富，也更認識自己。

你經歷了轉變，邁向了下一階段。

你愛過、失去過，而且也活了下來。

你可以感謝曾經和摯愛共度一段時光，儘管總覺得那段時間不夠長，時間會幫助你繼續療癒，展開日後的生活。

你的哀傷是生命、死亡與愛的恩典。

後話
哀傷的恩典

哀傷是人類在承受失落之痛後產生的強烈情緒反應。它也反映出人際關係的斷裂，最重要的是，哀傷也是帶領人類走向療癒的一段情緒、靈性、心理旅程。

哀傷隱含的力量不可思議。雖然哀傷中的療癒力不被重視，然而這股力量卻是非凡而奇妙的，宛如車禍、重大手術後肉體的神奇恢復力。破碎受傷的靈魂被哀傷轉化。一個再也不想在早上起床的靈魂、找不到活下去的意義的靈魂、承受無法想像巨大失落的靈魂，都能得到哀傷的轉化。

僅僅憑藉著哀傷，就能帶來療癒的力量。

請試著回想身邊親近的人遭逢重大失落的時候，他在剛發生事情的時候以及一年過後是否有所不同？如果他真正哀傷過，身上就會產生奇蹟似的轉變。如果他未能達到療癒的階段，或許是因為他不讓自己感受哀傷，但是——哀傷永遠都能發揮作用，必會帶來療癒。

生命中有很多問題源自未能解決、沒有療癒的哀傷。如果不釐清哀傷，就失去了療癒靈魂、精神、情緒的機會。

現在很難從文化中探求「哀傷的範例」，未經訓練的人無法看出有誰正在哀傷，成人也不會教導孩童如何處理失落的情緒。小孩並不會聽到誰跟他們說：「很喜歡的人離開後，你就是這樣慢慢好起來，這就是我們哀悼的方式。」

然而我們卻見過幾位頗有遠見的成人，例如一名女子在講習結束後來跟我們說，她帶孩子去幫外公掃墓。外孫的記憶中幾乎沒有他的印象。她說：「我坐在父親的墓前，在孩子的面前哭泣。我跟他們講了幾個父親的故事，然後又哭又笑。我說所謂的哀傷就是像媽媽這樣。我什麼事都會教孩子，為什麼不教他們如何哀傷呢？我知道他們往後也會經歷失去和死亡，我希望他們能夠度過被這些事件掀起的情緒。」

哀傷是個珍貴的過程，但是少有家長能教我們學會面對並且以身示範。我們永遠都會記得甘迺迪遺孀賈桂琳帶著孩子公開哀悼她的丈夫、我們的總統。在暗殺事件發生後，她從林肯總統的葬禮找到了先例可循，並為心愛的亡夫比照辦理。等到賈姬辭世，她再度讓我們學到如何面對死亡。她臨終前有家人陪伴、書籍圍繞。在葬禮上，兒子提到了母親的三項特質：「熱愛文字、守護家庭、勇於冒險。」

即便如此，接下來該怎麼辦，我們還是毫無方向。葬禮結束以後喪家要做什麼？他們第一次哀傷會是什麼情形？他們要怎麼撐下來？他們都跟誰求助呢？他們如何面對這一切走向療癒？

雖然有些哀悼者有機會接受相關諮商，接受其他醫療專業協助，多數人在面對哀傷時依然感到孤單。他們希望能走出自己的孤立和痛苦，在無意識中尋求榜樣卻遍尋不著。他們轉而求助於親友，但這些人通常並不熟悉相關心路歷程，碰觸到自己的哀傷也會很不自在。

由於不知道該怎麼處理哀傷帶來的痛苦，我們乾脆逃避，殊不知我們躲避的其實是失落的痛。然而逃避等同於拒絕哀傷帶來的幫助，使得疼痛時間反而拉長。

為什麼人類需要哀傷有兩個原因。首先，如果能嘗到哀傷的滋味，也能體會人生的滋味。第二個最重要的理由，哀傷是心、靈魂、理智得到療癒的過程，帶我們走向完整。你不用擔心自己是否該哀傷，而是你何時會哀傷。直到你真正展開行動前，都會受到未完成的事情所累。

所謂未完成的事情就是沒能說出口、沒做到的事情，是我們不准自己感受的情緒，是忽略、未曾照料的感受。之前的創傷以及失落所留下的未完成事情，可能因為現在的哀傷而浮出表面，使得現在的哀傷更加難以承受，讓當下感受到的失落更顯巨大。例如出席根本不熟的同事的葬禮，卻讓你想起失去父親後的未完成心願。幸好未能解決的心痛總會趁機跳出來讓你處理，雖然有時候時機並不恰當。

哀傷是我們必經的人生過程，它很公平，每個人不分性別都能體會到。即便如此，每個人在接觸哀傷時都化身為一座座的痛苦孤島，身邊的大多數人不知道該如何伸出援手。其實我們想幫忙，但連該怎麼提供援助都無法想像，只知道有人經歷了重大失落。我們知道的是，無法將死去的人帶回，心痛也無法消除，而這份痛楚卻讓身邊的人很不好受，讓他們想起自己的心痛經歷，讓他們意識到自己的人生有多脆弱。正是這些痛苦與恐懼讓他們說出，「快好起來，真是夠了。」「已經過了六個月，你要永遠哀傷下去嗎？」

講習課上的一名學員美樂蒂斯分享了她的故事。她的朋友發現她不太對勁，問她發生了什麼事。她解釋那時正值母親二十五週年忌日。其中一個朋友很不世故地問道：「過了二十五年你還會難過喔？」美樂蒂斯說：「我沒有崩潰，我感受到療癒，但我不會忘記這件事情。」她還記得自己曾經擁有的母親，也為了自己太早失去純真而哀傷。

事實上哀傷的過程是永遠持續的。失去摯愛形成的空洞怎樣也無法跨越。你學會和那個洞共存。你將得到療癒，在那個洞的周圍重建。你會再度完整，但不會回到從前那樣，其實你也不應該、不想變回從前的樣子。

經歷失落之後，哀傷的時間長短是療癒的重大關鍵。哀傷的恩典就是助我們建構一個永遠不會忘記的連結，讓我們想起當時的省思、痛苦、絕望、悲劇、希望、調整、重拾生活、療癒。

經歷重大失落後那段時期，充滿了人生在世極力避免的感受，哀傷、憤怒以及情緒上的痛苦靜靜蟄伏著。這些感受的深度超過我們過去能感受的幅度，強度超過正常忍受範圍，平常的抵禦完全不是失落之痛的對手，孤單的我們這時找不到哪一種過往的經驗可參照。我們之前從來沒有失去過母親、父親、配偶、孩子。首度接觸失落中的情緒時，會導致我們感到驚恐、被掏空以及擺盪於這兩者之間的各種狀態。我們並不知道原來這些陌生、強烈、不受歡迎的感受都是療癒的一部分。讓人感受這麼差的情緒，怎麼可能療癒我們？

我們藉由哀傷的力量產生屬於自己的心得。雖然才剛踏入哀傷的階段，但你會慢慢移動，從一開始的預期失落到最後開始重返生活，哀傷帶你走完情緒動盪的激烈循環。走完不代表遺忘，不代表再也不會感受失落之痛，只代表我們走過一輪生死循環，感受到生命之最。我們承受失去，讓哀傷的力量幫助自己走向療癒，帶著離開的人活下去。

這是哀傷的恩典、哀傷的奇蹟、哀傷的饋贈。

謝詞

我們想向法蘭克・阿勞茲（Frank Arauz）致上最深的謝意，感謝他對母親付出無私的善良、關懷以及愛意。母親無法繼續住在自己家裡時，法蘭克讓她能夠有個「家」。我們感謝芭芭拉・霍金森（Barbara Hogenson）多年以來的友誼和辛勤工作。我們感謝大衛・凱思樂多年來的友誼和幽默。謝謝大衛在我們母親離世時，不但支持著她也支持著我們。謝謝布魯克斯・考恩（Brooks Cowen）在告別的時刻給予同情和支持。我們也想對父親伊曼紐爾・R・羅斯醫生（Emanuel R. Ross, M.D.）表達為人子女的愛和深切感懷，感謝他讓我們有機會和世人一同見證這位傑出的母親。

母親——感謝你賜予我們一件無價之寶，那就是從你的視角看見世界，也感謝你賦予我們一個永不會忘記你的世界……期待再次相聚。

——肯尼斯・羅斯（Kenneth Ross）和芭芭拉・羅斯瓦勒（Barbara Rothweiler）

我該怎麼寫，才能對本書共同作者伊莉莎白・庫伯勒—羅斯致上最深謝意？她活在這本書裡，也活在我的心中。我們一起共同創作兩本書，伊莉莎白不但指點我的寫作和教學，也指引我如何進行臨終哀悼相關工作，這些對我來說意義非凡。我從不敢奢求收到如此超乎想像的厚禮，其中蘊藏著一份無論如何只能用「獨特而神奇」來形容的愛。我會永遠想念伊莉莎白。伊莉莎白還送我一份額外大禮，那就是認識她的兒子和女兒肯和芭芭拉。肯，感謝你照看細節又始終著重大局，我還要感謝你的拍攝為我們留下許多美好片刻。

非常感謝Scribner出版社的蘇珊・莫爾多（Susan Moldow）。謝謝你看出這本書的需求並且實現。還要感謝我們才華橫溢的編輯米契爾・艾凡斯（Mitchell Ivers），他無論何時都是有求必應。作者很難有機會選擇編輯，但要是我們能選，艾凡斯就是唯一人選。同樣感謝露西・肯尼翁（Lucy Kenyon）為書宣傳，幫助我們接觸到許多人。還要感謝約書亞・馬蒂諾（Josh Martino）以及賽門與舒斯特和Scribner的朋友們。

特別感謝我在威廉・莫里斯版權公司的經紀人珍妮弗・魯道夫・沃爾什（Jennifer Rudolph Walsh）。同樣在莫里斯公司的崔西・費舍（Tracy Fisher）為本書站上國際舞臺。我還要感謝莉莎・格拉布卡（Lisa Grubka）、凱蒂・格利克（Katie Glick）和米雪兒・菲恩（Michelle Feehan），感謝她們一路相挺。

沒有許多人的支持，我無法完成本作。言語無法完全呈現出你們的善良和慷慨。感謝我的朋友安德里亞・卡根（Andrea Cagan）鼓勵我，讓我繼續敲鍵盤，並在我感覺千頭萬緒時保持專注。謝謝琳達・休伊特（Linda Hewitt），她真正關心我的付出是否事事到位，她是我生命中的恩賜，她的好我永遠說不完。

我要感謝洛瑞・奧伯隆（Lori Oberon）、麥可・弗萊索克（Michael Flesock）、加里森・辛格（Garrison Singer）、蘇珊・埃德爾斯坦（Susan Edelstein）、邦妮・吉里（Bonnie Geary）、迪安娜・愛德華茲（Deanna Edwards）和梅琳達・多克特（Melinda Docter）。還要感謝哈羅德・伊凡・史密斯（Harold Ivan Smith）和羅伯特・祖克（Robert Zucker），他們慷慨分享自己在悲慟領域的傑出成就。

我還要感謝以下可敬的各位花時間審閱原稿以求面面俱到：美國紅十字會的波妮塔・沃斯博士（Bonnita Wirth）；Citrus Valley安寧機構的註冊臨床社工胡安妮塔・湯普森（Juanita Thompson）；羅斯瑪麗・懷特博士（Rosemarie White）；婚姻家庭治療師弗雷達・沃瑟曼公共衛生碩士（Fredda Wasserman）；婚姻家庭治療師米雪兒・A・波斯特碩士（Michelle A. Post）；南加大凱克醫學院和南加大／蘭喬阿茲海默研究中心聯合主任，弗雷蒂・西格爾－吉丹醫學博士（Freddi Segal-Gidan）；猶太安寧照護計畫的謝爾登・佩內斯拉比（Rabbi Sheldon Pennes）；Mater Dolorosa 苦難會靈修中心的帕特里克・布倫南神父（Father Patrick Brennan）；北好萊塢宗教科學教會的馬克・維埃拉牧師（Reverend Mark Vierra）；斯蒂芬・懷斯神廟的艾倫・拉比肖拉比（Rabbi Alan Rabishaw）；亞瑟・卡里約苦難會神父（Father Arthur Carrillo）；Lakewood教會的史蒂夫・奧斯汀牧師（Pastor Steve Austin）。我還要感謝在Citrus Valley健康夥伴和Citrus Valley安寧機構的同事們：謝謝艾爾維亞・福克（Elvia Foulke）和卡羅爾・布雷納德（Carol Brainerd），讓我能夠在每天都有鼓勵和挑戰的環境中工作，不讓我忘記什麼最重要。感謝湯姆・亞當斯（Tom Adams）、瑪麗亞・阿爾瓦雷茲（Maria Alvarez）、派翠西亞・博姆馬里托（Patricia Bommarito）、卡門・卡里約（Carmen Carrillo）、雪莉・西斯內羅斯（Sherrie Cisneros）、多洛雷斯・克里斯特（Dolores Crist）、格倫・福爾提奇（Glenn Fortich）、雷內・蓋恩斯（Renee Gaines）、羅斯瑪麗・加洛（Rosemary Gallo）、艾德・加德納（Ed Gardner）、迪尼亞・赫雷拉（Digna Herrera）、傑尼恩・豪斯（Janene House）、湯姆・麥金斯（Tom McGuiness）、路易莎・帕里什（Louisa Parrish）、帕姆・波雷卡（Pam Porreca）、約瑟夫・鮑爾斯（Joseph Powers）、路德絲・薩蘭達南（Lourdes Salandanan）、克里斯・桑切斯（Chris Sanchez）、瑪麗亞・桑切斯—多內斯（Maria Sanchez-Dones）、莉拉・桑・尼古拉斯（Lila San Nicolas）、丹尼斯・

斯特拉姆（Dennis Strum）、胡安妮塔・湯普森（Juanita Thompson）、黛比・崔西（Debbie Tracy）和瓊恩・瓦赫特伯恩（Joan Wachtelborn）。

特別感謝帶我走過本書企劃和人生旅途的各位朋友：艾黛兒・巴斯（Adele Bass）、喬瑟芬・布魯姆（Josefine Bloom）、弗里達・布隆格倫（Frida Blomgren）、賈妮恩・伯克（Janine Burke）、娜絲塔蘭・迪拜（Nastaran Dibai）、安妮・蓋德（Annie Gad）、傑佛瑞・霍茲（Jeffrey Hodes）、安・馬西（Ann Massie）和柯特・馬西（Curt Massie）、艾德・拉達（Ed Rada）、沃倫・B・萊利（Warren B. Riley）、泰瑞・里特（Terri Ritter）、帕姆・薩菲爾（Pam Saffire）、詹姆斯・湯姆斯（James Thommes）、史蒂夫・泰勒（Steve Tyler）、史蒂夫・烏里貝（Steve Uribe）、艾瑪・威廉森（Emma Williamson）以及瑪莉安・威廉森（Marianne Williamson）。

致兩個兒子理查德和大衛，你們每天都提醒我，愛才是最重要的。

大衛・凱思樂

BOOK CLUB FAVORITES

READER'S GUIDE

讀書會指南

《論哀傷》

伊莉莎白・庫伯勒—羅斯醫學博士與大衛・凱思樂

關於本指南

二〇一四年是伊莉莎白・庫伯勒—羅斯辭世十週年紀念，時光過去，從前她於臨終與哀傷領域所投注的心力，至今仍替無數民眾帶來莫大幫助和安慰。

庫伯勒—羅斯模型，也就是「臨終五階段」，奠基於她和末期病人的醫療互動，首見於她的經典作品《論死亡與臨終》。然而本書的兩位作者將原本的模型改為接受悲傷情感的哀傷五階段，提供指引，帶領讀者走過經歷失落的情緒旅程。作者詳細為讀者說明，這五階段不僅關乎接受死亡，也能助人面對其他重大失落、分離、伴侶分手、雙親離婚，以及對抗成癮。

這本讀書會指南能帶你深入討論《論哀傷》，同時也提供了兩位作者在其他著作中的見解，以及他們對於失落的建議。

討論主題與問題

1. 「在多數的哀傷時刻裡，我們的焦點是放在過去的喪親經驗上，但是在預期性哀傷的情況裡，我們沉浸在未來的喪親之痛。」（第30頁）。你是否曾經歷過預期性哀傷，或者看過誰有類似經歷？預期性哀傷有什麼功能？
2. 在《論哀傷》書中，有兩個男人討論他們的身體。其中一個拄著拐杖，另一個則是因為糖尿病而失去一條腿的布萊恩。他對拐杖男子說：「至少你兩條腿都還在。」拐杖男子說：「沒錯，但我太太不在了。」（第65頁）。什麼原因讓布萊恩進行比較？這樣的比較能幫助他們嗎？
3. 本書兩位作者建議「你得經常說故事，而且要說得具體，這是邁向療癒哀傷的一大步……哀傷需要曝光才能得到療癒。」（第103頁）說故事能否帶來療癒？傷痛需要被見證才能痊癒嗎？

4．在《論哀傷》中，比爾在結婚成家時再度哀悼過世的弟弟，想到年輕離世的弟弟錯過許多生命體驗悲傷不已（第116頁）。為過去的事情哀傷，能否助人更加理解失落和生命？

5．庫伯勒—羅斯醫生提到她在童年時期見證了兩次死亡，一次是同病房的病友以「冷清、孤獨、寂寞」的方式去世，另一次則是父母的農人朋友在自家平靜地去世（第275頁）。你覺得在家中或在醫院去世哪一個比較好？

讀書會進階思考

1．本書第268頁作者所引用的句子來自電影《影子大地》，該劇改編自作家C．S．路易斯的作品《卿卿如晤》[7]。路易斯在妻子喬伊．戴維德曼癌逝於一九六〇年後，

7 譯註：原書名為 A Grief Observed，譯者為已故的曾珍珍教授。

寫下一系列關於喪親的回想，成為該書主題。或許你在討論《論哀傷》之前，可以先欣賞《影子大地》或是閱讀《卿卿如晤》。

2．若你希望能更了解、更自在地討論人生的終點，或是想幫助臨終者，或許可以前往當地醫院、護理之家、安寧照護機構擔任志工。

3．若你正面對喪親之痛，可以加入哀傷工作坊或是喪親輔導團體。如果你正在經歷預期性悲傷，請用寫信或寫日記的方式，表達心中的恐懼、希望、後悔、回憶、面對事件的各種反應，宣洩效果絕佳。你可以寫信給摯愛或朋友，或者單純在日記中記錄想法和感受。

深入討論

本書作者建立框架以便談論和理解與失落相關的常見經歷，這份失落可以來自慘痛的個人損失、親人的死亡、自己的死亡。作者強調，走過哀傷與死亡都屬於生命的一部分，實屬自然，我們經歷心境變化時，要和善對待自己和身邊的人。以下思考和指南節錄自他們的三部經典作品，或許能助你在生命中面對失落。

必死之身

「我相信，我們應該養成習慣，偶爾思考死亡與臨終這件事，而且最好是在我們人生真正面臨到這件事之前就開始行動……若能利用病人生病期間好好為自己思考死亡與臨終這件事，都是一種福分。」（《論死亡與臨終》第47頁）

嘗試將死亡視為生命的必然，如此一來等時間到了，就更能面對自己和他人的結局。如果你能在某人最後的時刻保持坦誠，想像一下你們兩人能獲益多少。克服逃避的本能，能帶來深刻的洞察和安慰，減少恐懼。

身為照顧者的溝通方式

「問題不該是『我們該說嗎？』，而是『我該如何和病人分享這個訊息？』」（《論死亡與臨終》第46頁）

保持誠實：人們有權知道真實情況並得到機會處理。

審視自己的態度：減少可能會有的焦慮，才能坦率、冷靜交談。

聽取線索：觀察對象是否準備好接受現實。
措辭簡單：表達清晰、開放、直接。
討論死亡時，尊重隱私和個體差異，事事謹慎。
表現出同理心：讓其他人知道他們會得到情緒以及實際層面的幫助。

全家一起面對疾病或失落

「如果沒有將病人家屬納入考量，我們便無法以具有實際意義的方式幫助末期病人。」（《論死亡與臨終》第200頁）

支持很重要：家人的反應會大為影響患者本人的反應和之後病況的發展。家人扮演的角色會改變，需要調整。若出現沮喪、憤怒、疲憊等都是自然反應。
找時間好好休息：沒人能夠一直面對末期疾病或困難的局面。暫時離開稍微休息很重要，等到真正需要你到場時才更能面對這一切。
尋求幫助：不太受到影響且願意幫忙的朋友或專業人士，可在情緒高漲時提供不同觀點，減輕你做決定以及守在親人身邊的壓力。

公開分享感受，不帶批判：家庭成員也會經歷哀傷五階段，能夠向彼此坦誠表達心中感受，有助於每個人接受現實。

哀傷

「哀傷沒有正確的方式或時間。」（《論哀傷》第9頁）

慢慢來，哀傷沒有終點，也沒有裁判。

給自己時間經歷所有階段，記住某些階段可能會重疊並重複出現，但所有階段都是處理和學習的一部分。

此外，我們未必會完全經歷五階段。有時在你經歷後期階段後，早期階段可能會重新出現。無論你進度如何，都要好好對待自己。

最近的悲傷可能會喚醒之前的悲傷記憶；當你再度承受失落時，從前的失落強烈作痛是很正常的，若你過去未能完整探索感受，此時心痛尤甚。

不要害怕充分感受悲傷。你要知道，你的失落經驗很重要，請不要將自己與他人比較，貶低自己的感受。

將你的故事說給朋友、家人、重要的人，或者諮商師聆聽。這會幫助你釐清所有事發經過，帶你向前邁進。

未完成的事情

「未完成的事情是生命中最大的問題……我們學到越多，完成的事情越多，就能活得更加完整，真正地活著。」（《用心去活》）

恐懼無法阻止死亡到來，反而會妨礙你展開充實的生活。記住：活在當下，盡可能排除恐懼。

成年人和兒童一樣需要玩樂，將遊戲和歡樂添加到生活中吧。

尋求協助

「哀傷在分擔以後就減輕了。」（《論哀傷》第103頁）

無論是朋友、家人、重要的人、諮商師、哀悼工作坊或輔導團體、牧師，找個你可以好好說話的人吧。

RESOURCES

- The Elisabeth Kübler-Ross Foundation: www.ekrfoundation.org
- American Academy of Hospice and Palliative Medicine : www.aahpm.org
- Center to Advance Palliative Care: www.capc.org
- Dying Matters: www.dyingmatters.org
- Family Caregiver Alliance: www.caregiver.org
- Grief.com: www.grief.com
- GriefShare: www.griefshare.org
- National Association of Social Workers: www.helpstartshere.org
- Navigating Grief: www.navigationggrief.com
- Open to Hope: www.opentohope.com
- The Compassionate Friends: www.compassionatefriends.org
- The Dougy Center: www.dougy.org
- MISS Foundation: www.missfoundation.org

- 欲更了解伊莉莎白・庫伯勒—羅斯醫師，請造訪網站：HYPERLINK "http://www.EKRFoundation.org" www.EKRFoundation.org ; facebook.com/ekublerross ; instagram.com/ElisabethKublerRossFoundation/ ; Twitter.com/KublerRoss
- 欲更了解大衛・凱思樂與他的工作，請造訪網站：HYPERLINK "http://www.grief.com" www.grief.com; Facebook.com/IamDavidKessler; instagram.com/IamDavidKessler and twitter.com/IamDavidKessler

國家圖書館出版品預行編目 (CIP) 資料

論哀傷：帶領你走向療癒的情緒、靈性與心理旅程 / 伊莉莎白．庫伯勒 - 羅斯 (Elisabeth Kübler-Ross), 大衛．凱思樂 (David Kessler) 著；蔡孟璇，吳品儒譯．-- 初版．-- 臺北市：遠流出版事業股份有限公司，2023.11
面；　公分
20 週年經典新譯版
譯自：On grief and grieving : finding the meaning of grief through the five stages of loss
ISBN 978-626-361-339-3(平裝)
1.CST: 悲傷　2.CST: 失落　3.CST: 生死學

176.52　　112016795

YL 遠流博識網
http://www.ylib.com
Email: ylib@ylib.com

論哀傷（20 週年經典新譯版）

帶領你走向療癒的
情緒、靈性與心理旅程

作者——伊莉莎白．庫伯勒—羅斯
　　　　大衛．凱思樂
譯者——蔡孟璇．吳品儒
主編——蔡曉玲
美術設計——王瓊瑤
校對——黃薇霓

發行人——王榮文
出版發行——遠流出版事業股份有限公司
地址——臺北市中山北路一段 11 號 13 樓
客服電話——02-2571-0297
傳真——02-2571-0197
郵撥——0189456-1
著作權顧問——蕭雄淋律師

2023 年 11 月 1 日　初版一刷
定價——新臺幣 450 元
（缺頁或破損的書，請寄回更換）

ISBN —— 978-626-361-339-3